Ce Shaozhen

Flaneur im alten Peking

Ein Leben zwischen Kaiserreich
und Revolution

Herausgegeben von
Margit Miosga

Eugen Diederichs Verlag

Redaktionelle Mitarbeit: Ruth Keen und Gisela Reinhold
Mit zwölf Fotos auf acht Tafeln

CIP-Kurztitelaufnahme der Deutschen Bibliothek
Ts'e Shao-chen:
Flaneur im alten Peking: e. Leben zwischen Kaiserreich
u. Revolution/Ce Shaozhen. Hrsg. von Margit Miosga.
– 1. Aufl. – Köln: Diederichs, 1987
ISBN 3-424-00912-1

1. Auflage 1987

Umschlaggestaltung: Eberhart May, Bergisch Gladbach
Satz: Fotosatz Harten, Köln
Druck und Bindung: Ebner Ulm
ISBN 3-424-00912-1

Inhalt

Die Latinisierung der chinesischen Termini folgt im allgemeinen der Hany-Pinyin-Umschrift; ausgenommen sind im internationalen Sprachgebrauch fest verankerte Orts- und Personennamen wie z. B. Peking, Kanton, Sinkiang oder Jehol (anstatt Beijing, Guangzhou, Xinjiang oder Rehe), oder Chiang Kai-shek und Sun Yat-sen (anstatt Jiang Jieshi und Sun Zhongshan).
Als »Chinesen« bezeichnet der Autor zur Unterscheidung von den Minderheiten in China (Mongolen, Mandschus usw.) nur die Han-Chinesen.
Einige Zeitangaben richten sich nach dem chinesischen Mondkalender, dort muß man, um eine ungefähre Entsprechung mit unserem Kalender zu erzielen, dem chinesischen Monat einen weiteren hinzufügen (z. B. am fünften Tag des Fünften Monats = etwa Anfang Juni).
Die chinesischen Kaiser werden nicht mit ihrem Namen sondern unter ihren Regierungsdevisen wiedergegeben.

Zu diesem Buch

Geschichten aus dem wirklichen Leben klingen oft unwahrscheinlicher als die der Phantasie entsprungenen, so auch die Entstehung dieses Buches.
Für mich fing alles damit an, daß ich in einer Drogerie in Hongkong zufällig Berliner Freunde traf, die seit Jahren in Peking leben und arbeiten. Sie hatten während ihrer Urlaubsreise dort einen kurzen Zwischenaufenthalt eingelegt – ich befand mich auf dem Rückweg nach Berlin. Auf das unerwartete Treffen folgte der unvermeidliche gemeinsame Besuch eines der berühmten Bierlokale, des »Waltzing Mathilda«. Im Laufe der langen Nacht, die wir dann dort verbrachten, erwähnte der Freund einen alten Herrn in Peking, den er als äußerst bemerkenswert schilderte. Nicht nur, daß er von Geburt Mongole und Prinz und in seiner Jugend in Deutschland zur Schule gegangen sei, darüber hinaus habe er seine Erinnerungen an das alte Peking in origineller Form und in deutscher Sprache zu Papier gebracht. Da die Nacht spät und deutsche Verlage weit waren, gelang es mir nicht, mich von der Begeisterung des Freundes anstecken zu lassen, und die Geschichte lagerte sich in irgendeiner Windung meines Gehirnes ab.
Ein halbes Jahr später erhielt ich ein dickes Manuskript, das mir nach wenigen Seiten außerordentlich gefiel. In einem eigenwilligen Deutsch, das mich an Reisebeschreibungen vergangener Tage erinnerte, wurde eine Stadt gezeichnet, die ich so nicht kannte und die ich so

auch nie mehr kennenlernen konnte, denn dieses Peking gibt es nicht mehr.
Märchen, Klatsch, Gebräuche, Unsitten und Anekdoten waren aneinandergereiht, Fakten, Stadttopographie, menschliche Schicksale ergaben die Innenansicht einer der alten Metropolen in der ersten Hälfte dieses Jahrhunderts.
Aber wer war der Erzähler, der Berichterstatter?
Seine Persönlichkeit, der Hintergrund seines »privaten Auges« fehlte völlig.
Als ich das nächste Mal nach Peking reiste, bat ich den Freund, ein Treffen mit dem Autor zu arrangieren. Im »Peking-Hotel«, wo man auch heute nur lang genug ausharren muß, um Bekannte zu treffen, erwartete mich ein zierlicher, älterer Herr mit überraschend hellen Augen, in einer Strickjacke im englischen Stil und einem zarten, weißen Seidenschal.
Das war er, Tsedan Dorji, mit seinem wunderbaren Deutsch, das so klingt, als hätte ein Franzose die Sprache erlernt. Er selbst wäre nie auf die Idee gekommen, seine Jugend- und Stadterinnerungen aufzuschreiben, deutsche Kollegen, mit denen er am Chinesisch-Deutschen Wörterbuch gearbeitet hatte, hätten ihn animiert. Jeden Abend nach der Arbeit habe er an seiner vorsintflutlichen Schreibmaschine gesessen und mal nur drei Zeilen, mal ein paar Geschichten, zustande gebracht. Natürlich würde es ihn freuen, sein Manuskript gedruckt zu sehen, und falls es denn notwendig erscheine, könnte ich seine Biographie dazu schreiben.
Im Frühling 1987 reiste ich wieder nach Peking, diesmal mit einem Recorder und vielen Kassetten im Gepäck. Gemeinsam machten wir uns an die Arbeit, ich fragte, er erzählte. Er trank heißes Wasser, ich Nescafé, geraucht

haben wir beide zuviel. Mittags nahmen wir uns frei, um am Spätnachmittag weiterzuarbeiten. Dann schwenkten wir, tageszeitgemäß, auf Portwein um.

Nachdem wir auf Kassettenseite sieben im Jahre 1987 gelandet waren, ging unser gemeinsames Tun zu Ende. Letzte Korrekturen, Absprachen über Formulierungen, und ich reiste wieder heim.

Als Ergebnis der zusammen verbrachten Tage entstanden dann die in kursiver Schrift gesetzten biographischen Zwischenkapitel dieses Buches, die die Erzählungen des Flaneurs begleiten und in komprimierter Form das ungewöhnliche Leben eines ungewö nlichen Mannes darstellen, eine Biographie, die unter sicherlich nicht ganz gewöhnlichen Umständen zustande kam.

Margit Miosga — Berlin 1987

Über das Erinnern

Die Geschichten, die Sie lesen werden, schreibt ein alter Mann, der manches erlebt hat: Begebenheiten, die vielen entfallen sind und an die andere nicht mehr gerne erinnert werden wollen. Er hat sie selbst erlebt oder kennt sie vom Hörensagen. Was er gehört hat, entspricht vielleicht nicht immer den Tatsachen, aber man hat es ihm so erzählt und er hält sich daran.
Wer ist er? Welche Staatsangehörigkeit besitzt er? Was ist sein Beruf, seine Klassenherkunft? Die Antwort ist sehr leicht: Er ist nicht mehr und nicht weniger als ein Nachkomme des »homo erectus«; das Adjektiv »sapiens« wagt er sich nicht anzueignen. Er ist also ein Mensch schlechthin. Seine Gangart ist wie die anderer Menschen und höherer Affen eine aufrechte. Würde er von Eidechsen und Salamandern, also von Kriechtieren abstammen, wäre sein Glück schon längst gemacht.
Das Buch erhebt nicht den Anspruch auf Vollständigkeit, noch viel weniger will es eine wissenschaftliche Abhandlung sein – Sinologen, lest dieses Buch nicht!
Wie schon zu Anfang erwähnt, ist der Schreiber ein alter Mann. Jeder wird bestätigen, daß alte Leute an Gedächtnis- und Urteilsschwäche leiden. Die Begebenheiten, die sich in seinen jungen Jahren zugetragen haben, sind ihm noch frisch in Erinnerung. Begebenheiten, die er nach der Befreiung erlebt und gehört hat, sind so verschwommen, daß er sie weder chronologisch einordnen noch sachlich beschreiben kann.

Was will der Schreiber mit seinen Aufzeichnungen? Er hat allzuoft Leute getroffen – selbst junge Pekinger, von Ausländern ganz zu schweigen – die vom damaligen Leben in Peking keine Ahnung hatten, die nicht wußten, daß Peking eine Stadtmauer besaß, die nicht wußten, daß Schafe auf der Straße geschlachtet wurden, wie die Ausländer hier lebten ... Warlords, Opiumraucher, Taxigirls, kaiserliche Hofdamen, exclusive Hotels und Übernachtungsplätze für Bettler, nichts dergleichen gibt es jetzt. Auch nicht mehr die Ausländer, die so stolz ihre »white man's burden« trugen. Zusammen bildeten sie das Kaleidoskop des alten Peking, ein buntes Glaskaleidoskop, das nicht mehr existiert, das einfach weggeschüttelt ist.

Tsedan Dorji/Ce Shaozhen Peking 1987

Herkunft und Kindheit

ICH BIN mongolischer Abstammung, mein Name ist Tsedan Dorji, das bedeutet »ewig« und »Donnerkeil«. Ich habe auch einen chinesischen Namen, Ce Shaozhen; die Chinesen nennen mich immer »Herr Ce«. Natürlich habe ich mich daran gewöhnt, obwohl mich meine mongolischen Freunde nach wie vor mit meinem mongolischen Namen anreden, so, wie mich meine Mutter stets Dorji rief. Daraus entstand übrigens mein europäischer Name Georg, Georgie, das klingt so ähnlich.

Wissen Sie, ich stamme aus einer fürstlichen Familie, mein Vater, Palta, war ein Prinz der westmongolischen Torghuten aus Sinkiang und einziger Sohn seiner Familie. Als er noch jung war, sehr jung, kam ihm die Kunde von Japan und von Europa zu Ohren. Er ging nach Peking, wo er von der Kaiserinwitwe Cixi und dem Kaiser Guangxu empfangen wurde. Als ihn die Kaiserinwitwe fragte: »Was willst du später tun?«, da antwortete er: »Ich möchte ins Ausland gehen.« Und da erhielt er die Erlaubnis, nach Japan zu gehen und dort an der Militärakademie zu studieren. Später bekleidete er in Peking verschiedene Ämter beim Generalstab, im Präsidentenpalais usw. Aber ich glaube, daß er von der Regierung nicht als besonders vertrauenswürdig angesehen wurde. Als mein älterer Bruder in das Pagencorps in Petersburg eintrat, wollte mein Vater seinen Sohn nach Petersburg – also ins Ausland – begleiten, bekam aber von der Regierung keine Genehmigung. Es hieß, es wäre besser, wenn die Mutter den Sohn nach Petersburg brächte ...

Meine Mutter ist auch Mongolin, sie stammt aus dem Norden von Sinkiang. Wo sich meine Eltern kennengelernt haben, weiß ich nicht, aber bei uns, bei den Mongolen, sind arrangierte Ehen sehr selten.

Mein Vater hatte aus einer ersten Ehe einen Sohn und eine Tochter. Aus seiner zweiten Ehe mit meiner Mutter entsprang ein Sohn, der als Kleinkind starb, dann meine älteste Schwester, die später einen Franzosen heiratete, dann noch eine Tochter, die auch als Baby starb, ein weiteres Mädchen, das mit achtzehn an Tb starb – und dann kam ich. Weil ich der dritte Sohn war, wurde ich immer der »Dritte Herr« genannt. Nach mir kam noch ein jüngerer Bruder.

Wir besaßen in der Weststadt ein ziemlich großes Haus, in dem wir von 1909 bis 1920 lebten. In diesem Haus wurde ich 1914 geboren, im dritten Jahr der Republik[1]*. Ich bin in Peking geboren, in Peking aufgewachsen – ich betrachte mich als Pekinger. In einer fürstlichen Familie gab es natürlich Personal, über zwanzig Diener. Ich hatte als Baby speziell für mich eine Amme, meine geliebte Gaoma.*

Als mein Vater 1920 starb, mußten wir das Haus verkaufen. Meine Mutter verfügte über kein eigenes Einkommen; mit dem Geld, das mein Vater hinterlassen hatte, kaufte sie in der Pekinger Altstadt ein Haus, da hatten wir noch vier oder fünf Diener, einen Rikschakuli, zwei Ammen, einen Koch und einen Boy. Ich war erst sechs Jahre alt, als mein Vater starb, so habe ich nicht allzuviele Erinnerungen an ihn. Ich weiß nur noch, es war an einem 1. Januar, am Neujahrstag, da zog er seine Uniform an, und meine Mutter mußte ihm die Orden an der Brust befestigen. Er ging selten aus, und wenn er ausging – er besaß ein Auto, was damals eine Seltenheit war –, hatte er immer einen

1. Die Zählung nach Regierungsdevisen stammt noch aus der Kaiserzeit und wurde für die Republikzeit, beginnend mit 1911, dem ersten Jahr der Republik (hier plus drei = 1914), übernommen. Im Gegensatz zur Volksrepublik gilt in Taiwan diese Zählung noch heute: Man schreibt dort das 76. Jahr der Republik = 1987.

Gendarmen dabei, der ihn, wohl eher zur »Aufsicht«, begleitete. In dem Haus, das meine Mutter damals kaufte, bewohne ich heute noch ein Zimmer. Man sagt, es sei von einem chinesischen Architekten gebaut worden. Von außen sah es wie ein chinesischer Tempel aus, aber innen war alles europäisch, mit Parkettfußböden und Zentralheizung, die Möbel waren auch europäisch. Es gab zwei Wohnzimmer, ein Eßzimmer und zwei Schlafzimmer. Zu dem Haus gehörte zwar kein Garten, aber ein Hof, in dem ich immer spielte. Heute ist das Parkett herausgerissen, die Heizung funktioniert nicht mehr, und neun Familien drängen sich in den fünf Zimmern.

Meine Amme hatte ich, seit ich ein Baby war. Sie blieb bis zu ihrem Tode bei uns. Ich habe sie immer sehr geliebt und als meine zweite Mutter betrachtet. Meine Gaoma (»Mutter Gao«) stammte aus einer chinesischen Bauernfamilie nördlich von Peking. Als junge Witwe hatte sie nur einen Sohn, später dann eine Schwiegertochter und einen Enkel, die sie ab und zu besuchen ging. Aber sie wohnte bei uns und betrachtete sich als Familienangehörige. Sie war ganz für mich allein zuständig; zum Beispiel morgens das Hände- und Gesichtwaschen und das Ankleiden, das besorgte sie, und dabei erzählte sie mir Geschichten und Legenden aus Peking, Spukgeschichten dann abends vor dem Zubettgehen. Das einzige, was sie bei mir nie mochte, war das Rauchen. Damit hatte ich als Zwanzigjähriger begonnen – sie sagte, es sei gesundheitsschädlich (wogegen man ja nichts einwenden kann), dagegen das Trinken, das duldete sie.

Meine Mutter hat mich verwöhnt, etwa mit der Kleidung. Sie hat mir streng verboten, fertige Anzüge zu kaufen, alles mußte maßgeschneidert werden und der Stoff englisch sein, vom besten. Ich weiß noch, bis achtzehn, neunzehn hab ich Matrosenanzüge getragen, richtig mit dem viereckigen Kragen. Aber ich besaß außerdem einen chinesischen Yichang, den langen Rock, beides trug ich abwechselnd, je nach Lust.

Süßigkeiten gab es kaum. Wir tranken Kakao und Tee – nicht den chinesischen grünen Tee, sondern nur den echten »Lipton-Tea«. Meine Mutter kaufte nur in bestimmten Läden, zum Beispiel auf der Wangfujing bei »Moyler-Powel & Company«. Im Gesandtschaftsviertel gab es »Aux Nouveautées«, und ganz im Westen »Ullmann« – sie ging mit Vorliebe in diese Läden, und ich durfte sie begleiten.

Unser Koch konnte europäisch und chinesisch kochen, darum haben wir auch abwechselnd mal europäisch, mal chinesisch gegessen. Zu besonderen Anlässen bereitete meine Amme manchmal Hammelsuppe auf mongolische Art zu.

Daheim sprachen wir Mongolisch, meine Mutter konnte kein Chinesisch und hat es auch nie gelernt. Ich konnte mich natürlich Chinesisch ausdrücken, aber ich spielte vor allem mit meinen Geschwistern bei uns im Hof. Meine Amme sagte immer, als dritter Sohn eines Fürsten schicke es sich nicht, mit anderen Kindern auf der Straße zu spielen. Ich weiß nicht genau, wie ich es beschreiben soll, aber so einen gewissen »Überlegenheitskomplex« habe ich von zuhause mitbekommen.

Geschichten aus dem Kaiserpalast

Prophezeiungen Liu Bowens

Ich weiß nicht, wann es war, als ich wieder einmal mit meinem chinesischen Lehrer Hu Dongyan, einem ehemaligen Beamten der Qing-Dynastie, plauderte und er mir folgende Geschichte erzählte: Eines Tages saß der Ming-Kaiser Yongle (reg. 1403-1425) beim Frühstück, als ihm Liu Bowen angekündigt wurde. Da der Kaiser aber gerade ein »Shaobing« aß, ein kleines rundes, mit Sesam bestreutes Brötchen, das eigentlich eine Speise des gewöhnlichen Volkes war, schämte er sich und ließ das Shaobing schnell unter einem Eßschälchen verschwinden. Nachdem sich der Kaiser eine Zeitlang mit Liu unterhalten hatte, fragte er ihn plötzlich: »Man sagt, daß du ein großer Prophet seist, kannst du mir sagen, was sich unter dieser Schale befindet?« Auf die runde Form des Brötchens anspielend antwortete Liu Bowen: »Es ist ein Mond, der von einem Drachen (dem Symbol der Kaiser) gebissen worden ist.«
Erstaunt befahl der Kaiser Liu, er solle die Zukunft seiner Dynastie prophezeien. Liu verfaßte daraufhin sein berühmtes *Shaobingge* (zu Deutsch etwa »Das Lied der Shaobing-Brötchen«). Es ist ein in dunklen Worten gehaltenes Büchlein, worin in Versform die Zukunft der Ming (1368–1644) und der darauffolgenden Dynastien bis zum Weltende vorausgesagt ist.
Man konnte es zu meiner Zeit nur noch selten in den

Buchläden finden, obgleich es nicht zu den verbotenen Schriften zählte. Ich habe 1951 ein antiquarisches Exemplar erstanden, von dem ich allerdings nicht weiß, ob es authentisch ist.
Es ist ähnlich wie die Prophezeiungen des Nostradamus verfaßt. Manche der darin vorausgesehenen Ereignisse haben mich in Erstaunen versetzt, zum Beispiel, daß die folgende Dynastie eine »barbarische« sein würde, und in der Tat waren es ja die Mandschuren, die in der Mandschu- bzw. Qing-Dynastie (1644-1911) eine jahrhundertelange Fremdherrschaft ausübten. Aber auch, daß »vereinte barbarische Horden die Hauptstadt besetzen« würden und die Kaiserin mit ihrem Sohn die Flucht ergreifen müsse, zeigt eine verblüffende Übereinstimmung mit den Ereignissen wärend des Boxeraufstands, als im Jahre 1900 die Kaiserinwitwe Cixi mit dem Guangxu-Kaiser vor den alliierten Truppen nach Xi'an floh. Und schließlich kann man Liu Bowens Aussage, die Sonne würde »im Jahre des Hahns im Westen untergehen«, mit der Niederlage der Japaner im Chinesisch-Japanischen Krieg deuten: Das Schriftzeichen »Japan« ist identisch mit »Sonne«, und tatsächlich war nach dem chinesischen Tierkreis-Kalender 1945 ein Jahr des Hahns.
Adam Schall von Bell (1592-1666), der den Wechsel von der Ming- zur Qing-Dynastie in Peking erlebte, erwähnt das Büchlein in seinen Erinnerungen als Kuriosum.

Die Duftende Konkubine

In meiner Jugend bin ich oft ins Palastmuseum Pekings gegangen, um das Bildnis der »Duftenden Konkubine« zu bewundern. Es war im Wu Ying Dian (Halle der Militärischen Tapferkeit) ausgestellt und zeigte eine stolze junge Frau, bildhübsch, in einem europäischen Harnisch des 16. oder 17. Jahrhunderts. Das Porträt ist von dem berühmten Maler Lang Shining, einem italienischen Jesuiten, dessen europäischer Name Castiglione war, gemalt worden. Nach der Befreiung war dieses Bild plötzlich verschwunden; vielleicht ist es nach Taiwan geschafft worden.

Gleich daneben konnte man auch ihr im moslemischen Stil eingerichtetes Badezimmer besichtigen.

Diese Frau war eine Fürstin aus der heutigen Provinz Sinkiang.

Als der Qianlong-Kaiser (reg. 1736-1795) das Land eroberte, brachte er sie als Kriegsbeute mit nach Peking und machte sie zu seiner Nebenfrau. Er gab ihr den Titel »Duftende Konkubine«, weil angeblich ihrem Körper ein wunderbares Aroma entströmte. Der Kaiser ließ ihr ein Badezimmer bauen, damit sie sich nach ihren nationalen Bräuchen baden konnte. Und um ihr Heimweh zu mildern, befahl er, einen Pavillon zu errichten, in dem sie ihre Landsleute empfangen konnte.

Diese Anhänglichkeit gefiel der Mutter des Kaisers gar nicht, und um ihrem Sohn die Folgen seiner Vernarrtheit zu ersparen, ließ sie die »Duftende Konkubine« erdrosseln.

Die Erste Quelle des Reichs

Unweit vom Sommerpalast befindet sich ein kleiner Hügel mit einer Pagode, der berühmten Jadegipfelpagode. Das Gelände war vor der Befreiung ein öffentlicher Park, heute ist es ein Sanatorium bzw. ein Vergnü-

gungspark für ganz hohe Beamte und für die Allgemeinheit nicht mehr zugänglich.
Im Inneren des Parks liegt ein großer Teich mit einer sprudelnden Quelle. Jedesmal, wenn ich bei der Jadequelle war, erfrischte ich mich an ihrem klaren Wasser. Ungefähr zwei Meter oberhalb der Quelle ist eine Steinplatte angebracht, in der in den Schriftzügen des Qianlong-Kaisers die Worte eingemeißelt stehen: »Erste Quelle unter dem Himmel«. Mein chinesischer Lehrer, Herr Hu, hat mir gesagt, daß das Wasser der Quelle ausschließlich der Teezubereitung des Kaisers vorbehalten war. Kein gewöhnlicher Sterblicher durfte direkt von der Quelle Wasser schöpfen, wohl aber vom Teich. Das Wasser wurde auf Ochsenkarren nach Peking transportiert – immerhin ein Weg von über zehn Kilometern – und dem Eunuchen übergeben, der die Zubereitung des kaiserlichen Tees unter sich hatte.
Außerhalb des Parks liegen Reisfelder, die mit dem Wasser dieses Teichs versorgt werden. Dort wuchs der berühmte »West-Peking-Reis«, der ebenfalls nur für den kaiserlichen Hof bestimmt war. Wer jemals diese Reissorte gekostet hat – nach dem Sturz des Kaiserreiches war dies theoretisch jedem möglich –, weiß, daß sich kein anderer Reis mit ihm messen kann, sei es nun die Xiaozhan-Sorte oder der importierte Saigon-Reis.

Die kaiserliche Nudelküche

Die Kaiser Chinas, zumindest die letzten Mandschukaiser der Qing-Dynastie, hatten kein angenehmes Leben. Das Palastleben war einer strengen, ja byzantinischen Etikette unterworfen. Mein Lehrer erzählte mir einmal:

Die kaiserlichen Mahlzeiten waren Prachtdiners, aber es gab immer dasselbe. Es war dem Kaiser nicht gestattet, seine Lieblingsgerichte zu bestellen, er mußte das essen, was ihm vorgesetzt wurde. Eunuchen standen um den Tisch herum und notierten, was und wieviel der Kaiser gegessen hatte. Aß er mehr oder weniger als gewöhnlich, wurde sofort dem kaiserlichen Arzt Meldung gemacht, der dann auf der Stelle mit einer Unzahl von Medikamenten herbeieilte, die der Kaiser wohl oder übel einnehmen mußte.
1900, als der Guangxu-Kaiser (reg. 1875-1908) nach Xi'an flüchtete, wurde ihm einmal in einer ländlichen Wirtschaft eine ganz gewöhnliche Nudelsuppe vorgesetzt, die ihm gut schmeckte, vielleicht weil das Gericht neu für ihn war, vielleicht weil er Hunger hatte. Nach Peking zurückgekehrt, hatte er eines Tages wieder Appetit auf Nudelsuppe und bestellte sie für den nächsten Tag bei seinen Eunuchen. Daraufhin überreichte ihm der Obereunuch einen Kostenvoranschlag, worauf stand, daß zur Bereitung der Suppe eine besondere Küche gebaut werden müsse; die Baukosten würden an die 3000 Tael – die damalige Gewichtseinheit für Silber und Gold und eine Riesensumme für die Zeit – betragen, die Bauzeit zwei bis drei Monate beanspruchen. Der Kaiser verzichtete auf dieses harmlose Vergnügen.

Steuerabgabe des Kaisers

Einkommensteuer gab es in China nie; erst Anfang der achtziger Jahre hat man sie eingeführt. Die Guomindang hat wohl in den Jahren 1935/36 versucht, diese ausgesprochen westliche Vampirmethode einzuführen, sie

konnte sich jedoch in China nicht durchsetzen. Der Bauer hat allerdings von jeher Grundsteuer für sein Land oder das Stückchen Land, das er bebaute, zahlen müssen – dafür ist er schließlich Bauer. Doch zahlten die Kaiser auch Grundsteuer. – Ach was, ein Kaiser, der Steuern zahlt? Das verhielt sich so: Einmal jährlich mußte der Kaiser auf dem Gelände des inzwischen zerstörten Ackerbautempels, der im Süden der Stadt gegenüber dem Himmelstempel stand, eine symbolische Zeremonie abhalten. Nach konfuzianischer Vorstellung war er der erste Bauer des Landes und mußte deshalb auch ein Stückchen Land besitzen, es pflügen und Steuern zahlen. An dieser Zeremonie, die einmal im Jahr stattfand, war der Magistrat des Kreises Wanping beteiligt. Seine Aufgabe bestand darin, vom Kaiser eine Steuerabgabe zu verlangen, denn der Ackerbautempel stand unter seiner Jurisdiktion.
Einem Kaiser als Vorgesetzter gegenüberzutreten, ist jedoch eine Majestätsbeleidigung, die bestraft werden mußte. Darum wurde jeder Kreismagistrat nach der Zeremonie abgesetzt und durch einen neuen ersetzt.

Die Beischläferinnen des Kaisers

Wir, mein chinesischer Lehrer und ich, unterhielten uns häufig über das Leben im Kaiserpalast. Einmal kam das Gespräch auf die Frauen des Kaisers. Mein Lehrer sagte: »Die Kaiserin und die Konkubinen hatten alle einen bestimmten Rang am Hofe. Außer ihnen gab es noch eine Anzahl von Mandschumädchen ohne Titel, die als Beischläferinnen des Kaisers fungierten. Jede wohnte in einer kleinen Kammer. Zu den Hofzeremonien wurden sie nicht zugelassen, nur ihre Namen waren in einem Register eingetragen.« Mein Lehrer erklärte mir weiter, daß sie lediglich der geschlechtlichen Befriedigung des Kaisers, der sie gar nicht einmal kannte, dienten. Wenn er zu seiner Abwechslung eine von ihnen brauchte, kam der zuständige Eunuch mit dem Register. Hatte der Kaiser seine Wahl getroffen, wurde dies sodann in dem Register vermerkt. Der Eunuch ging zu dem Mädchen hin, wickelte sie ganz nackt in eine wattierte Bettdecke und brachte sie ins Schlafgemach des Kaisers. Nach dem Liebesspiel, das in jeder Nacht nur einmal gespielt werden durfte, packte der Eunuch, der die ganze Zeit hinter einem Wandschirm zugegen war, das Mädchen wieder in die Bettdecke ein und brachte sie in ihre Kammer zurück.

Ich fragte, warum sie denn nackt gebracht wurden. Die Antwort war, um zu verhüten, daß sie Waffen bei sich trugen. Mein Lehrer fuhr fort: »Wenn der Kaiser starb, wurden die Jungfrauen, die in dem Register nicht eingetragen waren, nach Hause geschickt. Die anderen mußten ihr Leben in armseligen und kläglichen Verhältnissen im Palast beenden. Sie bekamen keine Kleider mehr, das Essen war schlecht; kurz, ihr Lebensstandard kam dem einer Kulifrau gleich.«

Ich verstand und verstehe nicht, was für einen Spaß der Kaiser an solch einem Beischlaf hatte.

Der Brunnen der Zhen Fei

In der Nähe des Nordeingangs des Kaiserpalastes ist ein Brunnen zu sehen, der »Zhen-Fei-Brunnen« heißt.

Zhen Fei – die Briten nennen sie »Pearl Concubine« –

war die Lieblingskonkubine des Guangxu-Kaisers und der Kaiserinwitwe Cixi schon aus diesem Grund verhaßt. Es wird gesagt, daß Zhen Fei den Kaiser beeinflußt haben soll, der reaktionären Politik des »alten Buddha« Widerstand zu leisten.

Als 1900 die verbündeten Truppen der acht ausländischen Mächte vor den Toren Pekings standen, mußte Cixi mit einem Teil des Hofstaates nach Xi'an flüchten. Bei dem hastigen Aufbruch fragten die Eunuchen die Kaiserinwitwe, ob Zhen Fei auch mitkommen sollte. Da befahl Cixi, man solle sie ertränken. So geschah es auch: Die Eunuchen wickelten sie in eine Bettdecke und warfen sie in einen Brunnen. Von diesem Tag an nennt man diesen Brunnen den Zhen-Fei-Brunnen.

Menschenleichen im kaiserlichen Graben

Ein Freund von mir, Herr Xing, erzählte mir folgendes: Sein Vater kannte einen ungebildeten Mongolen, der im Kaiserpalast als Kuli Kehricht aussonderte und aus dem Palast fortschaffte. Weil er erstens kein Chinesisch verstand, zweitens weil er verschwiegen war, gaben ihm die Eunuchen ab und zu den Auftrag, heimlich einen Sack in den Wassergraben zu werfen, der die Verbotene Stadt umgibt.

Herr Xing fragte mich: »Was glauben Sie, was in diesen Säcken war?« Ich konnte keine Antwort geben. Er lächelte über meine Unkenntnis und fuhr fort: »Es waren Leichen, Menschenleichen. Sie wissen doch, daß sich die Kaiserinwitwe Cixi oft junge, kräftige Burschen von ihren Eunuchen in den Palast bringen ließ. Jemand, der mit einer Kaiserin geschlafen hat, begeht aber Majestätsbeleidigung und muß daher hingerichtet werden. Außerdem wollte Cixi nicht, daß man von ihren Bettgeschichten erfuhr. Die jungen Männer wurden am anderen Morgen kurzerhand umgebracht und in den Wassergraben geworfen. Für jeden Sack bekam er eine gewisse Summe Geld, so daß sich für ihn das ›Sacktragen‹ als eine gewinnbringende Nebenbeschäftigung erwies.«

Der Zahnarzt der Kaiserinwitwe

Mitte der zwanziger Jahre befand sich am Südende der großen Einkaufsstraße Wangfujing die Klinik eines Zahnarztes mit dem schönen Namen Dr. Kingman, wohl eines britischen Staatsbürgers. Auf dem Messingschild vor seiner Praxis stand hinter seinem Namen das halbe Alphabet. Die Reihenfolge habe ich vergessen. Von Dr. Kingman mit dem halben Alphabet hieß es, daß er einmal die Ehre gehabt habe, die Kaiserinwitwe von einem Zahnleiden zu befreien. Die Leute sagten, daß man wegen seines Namens auf ihn verfallen sei. Seine Gebühren waren horrende. Man mußte schon ein König oder Kaiser sein, wenn man ihn aufsuchte.

Die Hofdame der Kaiserinwitwe

Madame Tang glänzte in meiner Jugendzeit in der Pekinger Gesellschaft. Ihr Vater war ein hoher Mandschubeamter. Seine beiden Töchter hatten den Gefallen der Kaiserinwitwe gefunden und waren schon in jungen Jahren als Hofdamen in den Palast geholt worden. Die ältere Schwester, die später einen Amerikaner, einen

gewissen Mr. White, heiratete, schrieb nach der Absetzung der Dynastie ein Buch über die Kaiserinwitwe in englischer Sprache, das in den zwanziger Jahren großen Erfolg hatte. Die jüngere Schwester heiratete den General Tang Baozhao. Da sie außer ihrer Muttersprache noch Englisch und Französisch beherrschte, sich außerdem sowohl mit den Sitten und Gebräuchen der Ausländer als auch mit denen des alten Regimes auskannte, wurde sie Protokollchefin der neuen Republik. Sie erzählte oft von ihrer Jugend, von ihrem Leben am kaiserlichen Hof, von der Kaiserinwitwe selbst, die sich abends in einem violett beleuchteten Zimmer, das Gesicht mit frischen Hammelfleischscheiben bedeckt, auszuruhen pflegte.
Jeder Mensch hat seine Schwächen, Madame Tang war keine Ausnahme. Ich habe viele Anekdoten über sie gehört, die ich übergehen möchte. Erwähnen möchte ich nur eine: Sie hatte große Angst davor, daß die Leute ihr wirkliches Alter erfuhren. In der Zeit, als sie sich für 55 ausgab, war sie bedeutend älter, denn bei ihrer Hochzeit erzählte sie meinem Vater, daß sie beide gleichaltrig seien, und ich weiß das Alter meines Vaters genau.
Ende der fünfziger Jahre habe ich sie bei einem Tanzabend wiedergetroffen. Sie erkannte mich nicht mehr. Ich erwähnte den Namen meines Vaters, der einer ihrer Verehrer gewesen war. Sie ergriff meine Hand; Tränen glänzten in ihren Augen.
Ihr Ende war nicht beneidenswert. Das letzte Mal sah ich sie in ihrem Hof, die Haare geschoren und von zwei weiblichen Bestien durchgepeitscht. Sie war schon achtzig Jahre alt – man schrieb August 1966.

Der kaiserliche Scharfrichter

Hinrichtungen wurden durch Enthauptung vollstreckt. Auf besonders schwere Delikte wie Landesverrat stand noch bis 1911 Vierteilung, das heißt, man schnitt dem Verbrecher bei lebendigem Leibe so viele Gliedmaßen ab, bis er starb. Eine drollige Art, jemanden ins Jenseits zu befördern. Sehr hohe Beamte, denen der Kaiser eine Gnade erweisen wollte, erhielten eine weiße Seidenschnur zugeschickt, um sich zu erhängen.

Vor der Hinrichtung wurde dem Verurteilten ein gutes Essen vorgesetzt, damit er mit vollem Magen ins Jenseits ziehen konnte – ist das eigentlich unbedingt notwendig? Er wurde an Armen und Beinen gefesselt in einem Wagen zur Hinrichtungsstätte gebracht. Unterwegs konnte er soviel Schnaps oder Tabak verlangen, wie er wollte; alles wurde von den umliegenden Geschäften gratis geliefert. Um Haltung zu zeigen, sang er während der Fahrt zum Hinrichtungsplatz. So wollte es die Sitte. Dort angekommen, mußte der Delinquent niederknien. Gehilfen des Scharfrichters packten ihn an den Schultern, ein anderer zog an seinem Zopf. Mit einem Hieb trennte der Scharfrichter den Kopf vom Leibe. Es gab die strenge Regel, daß ein Hieb ausreichen mußte. Ging der daneben, mußte der Verurteilte begnadigt – Verzeihung – freigesprochen werden, denn es hieß, der Himmel wolle nicht, daß er stirbt.

Da Hinrichtungen öffentlich vollzogen wurden, waren natürlich sehr viele Zuschauer zugegen – die Menschen sind neugierig. Aber bitte sehr, nicht nur aus Kuriosität, sondern auch aus einem ganz anderen Grund hatte sich die Menschenmenge hier eingefunden. Viele Zuschauer hielten nämlich Brotstücke bereit, und sobald der Kopf fiel und das Blut ausspritzte, tunkten sie ihr Brot in die noch warme Blutlache und nahmen es mit nach Haus. Es soll ein starkes und wirksames Medikament gewesen sein – gegen Blutungen und Lungenkrankheiten ... Doktoren und Professoren der westlichen Medizin, lernt zur Abwechslung auch einmal von der traditionellen chinesischen Medizin!

Bei einer anderen Hinrichtungsart, der sogenannten »Gua« (Vierteilung), gab der Scharfrichter, wenn er genügend Schmiergeld bekommen hatte – »Squeeze« also auch auf dem Schafott –, dem Verurteilten einen Nadelstich ins Herz bevor er ihn zerstückelte.

Jeder Beruf muß erlernt werden, der des Scharfrichters, der ein Angestellter der Justizbehörde war, bildet da keine Ausnahme. Darum erteilte der Meister seinen Gehilfen, in der Regel Familienangehörigen, regelrechten Unterricht in seiner Kunst.

Mein Lehrer, Herr Hu, erzählte mir einmal, daß im Hause des Scharfrichters das Schwert im Hauptzimmer den Ehrenplatz vor dem Ahnenschrein einnahm. Es wurde wie ein Heiligtum verehrt. Herr Hu versicherte mir, daß das Schwert sich manchmal zitternd bewegte. Der Scharfrichter wußte dann, daß er bald wieder den Kopf eines armen Schluckers vom Körper zu trennen hatte.

Kang, der kleine Achte

Eine legendäre Gestalt war Kang Xiaoba, wörtlich übersetzt: Kang, der kleine Achte. Höchstwahrscheinlich war er der achte Sohn eines gewissen Kang. Jetzt gibt es sogar eine Peking-Oper über ihn.

Er lebte Ende des vorigen Jahrhunderts. Meine Amme, die liebe Gaoma, hat mir häufig von ihm erzählt. Ihr Mann war an seiner Verhaftung beteiligt gewesen und wurde deshalb auch befördert. Kang war ein junger Wegelagerer in der Gegend außerhalb des Antingmen-Tors, im Norden von Peking. Er beherrschte die Kunst des chinesischen Schattenboxens, und war im Besitz eines Revolvers, einer Wunderwaffe für die damalige Zeit.
Frech ging er auf der Straße spazieren, und wenn er einem reichen Mann begegnete, der ihm mißfiel, sagte er ihm, daß er an dem und dem Tag bei ihm sein und ihn berauben würde. Traf er eine junge Frau, die ihm gefiel, kündigte er ihr vor allen Leuten an, daß er in der und der Nacht bei ihr erscheinen würde, um mit ihr zu schlafen.
Er muß wohl eine Art chinesischer Robin Hood gewesen sein, denn er beraubte die Reichen und verteilte seine Beute unter den Armen, wie es ihm gefiel.
Als er verhaftet wurde, interessierte sich die Kaiserinwitwe Cixi für ihn und wollte ihn einmal sehen. Wahrscheinlich hatte sie sein Ruf als Liebhaber neugierig gemacht. Man riet ihr jedoch davon ab.
Als er schließlich durch »Death by Slicing« auf dem Caishikou-Platz hingerichtet wurde, rief er, als ihm der Henker einen Teil seines Oberarms abtrennte: »Seht her, was für ein gutes Stück Schinken!«

Eunuchen

Wie man Eunuch wurde, hat mir einmal ein Chinese geschildert, dem dieser Beruf ursprünglich bestimmt war. Man wurde schon als Kind dafür ausgewählt. Die meisten dieser zukünftigen Eunuchen stammen aus

Hejianfu in der Provinz Hebei. Diese Kinder wurden im Alter von acht bis zehn Jahren – später würde die Operation zu riskant sein – zu einem alten Eunuchen gebracht, der als Lehrmeister fungierte. Bis zu seiner Operation mußte der Junge als Diener bei ihm arbeiten, der Meister brachte ihm die Sitten und Gebräuche der adeligen Familien bei. Nachts kam er regelmäßig an sein Bett und massierte ihm die Geschlechtsteile, manchmal eine halbe Stunde lang oder noch länger. Ob man etwas dabei gespürt habe? Es tat natürlich weh, wenn der Alte am Glied zog, und das tat er oft. Und wann war das Kind reif für die Operation? Die Massagezeit dauerte mindestens ein Jahr.

Wenn es dann soweit war, gab der Meister ein Festessen, zu dem er andere alte Eunuchen einlud. Die eigentliche Zeremonie begann damit, daß sich der Kandidat tief vor dem Meister verneigte. Nach der Entkleidung zog der Meister dann das Glied mitsamt dem Hodensack kräftig in die Länge, mit der anderen Hand nahm er ein scharfes Messer und schnitt mit einem raschen Zug die Genitalien ab. Ob es sehr schmerzte, stark blutete? Selbstverständlich tat das höllisch weh. Aber es war nicht so schlimm, denn das Messer war scharf und der Meister geschickt. Die Blutung wurde mit Medikamenten gestoppt, die Wunde verbunden und der frischgebakkene Eunuch durfte bis zu seiner Heilung ruhen.

Meine Mutter hat mir auch viele Geschichten über Eunuchen erzählt. Zu ihrer Zeit, also noch zur Kaiserzeit, trugen die Chinesen ja bekanntlich einen Zopf. Der vordere Teil des Kopfes mußte jedoch glatt rasiert sein, Bart und Schnurrbart auch, wenn man so wollte. Bei einem normalen Mann konnte der Barbier die Rasur wiederholen, wenn sie ihm nicht ganz geglückt war. Nicht so bei

einem Eunuchen. Bei ihm mußte alles mit einem Messerstrich glatt rasiert sein. Eine Wiederholung der Kopfrasur – einen Bart hatte er ja nicht – wäre eine unerhörte Beleidigung gewesen, eine Anspielung auf seine Kastration. Der Barbier lief Gefahr, geohrfeigt zu werden.
Viele reiche Eunuchen heirateten übrigens, manche hatten sogar Nebenfrauen oder besuchten regelmäßig ein Bordell. Wozu? Alte Frauen haben mir erzählt, daß es das schrecklichste für ein Mädchen gewesen sei, die Nacht mit einem Eunuchen zu verbringen. Sie würden so gekniffen und geschlagen, daß sie am ganzen Körper blaue Flecken davontrugen, so gebissen, daß die Wunden noch am nächsten Tag bluteten. »Möge ein Eunuch mit dir schlafen«, war eine der verbreitetsten Verwünschungen unter den Prostituierten.
Im Westen Pekings, am Fuße der Duftenden Berge (Xiangshan), steht der Tempel, in dem arme Eunuchen ihren Lebensabend verbrachten. Er war seit jeher ein beliebtes Ausflugsziel für Ausländer. Zu meiner Zeit fuhr man ungefähr anderthalb Stunden mit dem Fahrrad dorthin.
1946 oder '47 bin ich einmal mit dem österreichischen Journalisten Tichy dort gewesen. Der Vorsteher des Tempels (ebenfalls ein Eunuch), empfing uns in seinem Arbeitszimmer. Er war wohlbeleibt, gut gekleidet, aber leider nicht sehr gesprächig. Immerhin erfuhren wir von ihm, daß in dem Konvent vierzig »Brüder« lebten, sie arbeiteten auf den umliegenden Gütern als Landarbeiter. Die meisten von ihnen seien Eunuchen des kaiserlichen Hofes gewesen, einige kämen aus ehemaligen prinzlichen Palästen. Sie hätten keine eigenen Familien, die sich um sie kümmern könnten.
Der Tempel war zu Ehren eines Feldherrn aus der Ming-

Dynastie errichtet worden, der auch Eunuch gewesen war. Der »Abt« führte uns nun in das Hauptgebäude vor den Altar des Eunuchengottes. Es war ein großer Saal, in der Mitte das Standbild des Feldherrn, davor ein langer schmaler Tisch, auf dem Kerzen und Weihrauchgefäße standen. Die Wände waren mit chinesischen Schriftrollen-Kalligraphien geschmückt. Als wir in den Garten hinaustraten, kamen die Brüder gerade von der Landarbeit zurück. Was für einen Unterschied sie zu dem feisten Abt bildeten! Armselige Gestalten in zerfetzten Gewändern, abgerissene, unterernährte Greise.

Der Vorsteher ließ uns allein, so daß wir uns ungestört mit den Eunuchen unterhalten konnten. Sie waren scheu und wortkarg und gaben nur sehr einsilbig Auskunft: Jawohl, ich war im Kaiserpalast. Ich habe den »alten Buddha« (die Kaiserinwitwe Cixi) noch gesehen. Nein, ich habe nur in der kaiserlichen Küche gearbeitet, und so weiter. Wie es ihnen jetzt ginge? Sie hätten genug zum Essen, aber die Arbeit sei sehr anstrengend. Manche waren schon so senil, daß sie den Sinn unserer Fragen nicht begriffen. Mein Begleiter war anständig genug, keine unangebrachten Fragen zu stellen, was man von anderen Journalisten nicht gerade behaupten konnte. So besuchte meine Schwester einmal mit einer deutschen Journalistin, die eine Photoreportage über China machte, diesen Eunuchentempel. Sie bat einen Eunuchen, seine Hosen herunterzulassen, um ihn so aufzunehmen. Es entstand eine recht peinliche Situation. Mittlerweile sind die Eunuchen fast ausgestorben. Ich kann mich erinnern, daß ich vor einigen Jahren, wohl 1983, ein Bild von Chinas letztem Eunuchen in der Zeitung gesehen habe. Es kann sein, daß er noch irgendwo in der Umgebung von Peking lebt.

Schulzeit in Peking und Hirschberg

MEINE SCHWESTER besuchte bei den französischen Nonnen im Sacré Coeur die Mittelschule, dem war auch ein Kindergarten angeschlossen. Meine Mutter hat mich dort hingeschickt, um – sagen wir – mich das Alphabet lernen zu lassen. Ich lernte da meine ersten französischen Worte. Was für Kinder waren bei den Nonnen? Vor allem die Söhne und Töchter der Ausländer in Peking, aber auch einige Kinder von chinesischen Beamten. Natürlich mußte ich das »Ave Maria« und »Pater noster« auswendig lernen, aber ich bin kein Christ, dem Namen nach bin ich Buddhist – wie soll ich mich ausdrücken – ich bin gottgläubig. Nach zwei oder drei Jahren im Sacré Coeur wurde ich bei den Maristen angemeldet, das ist auch ein französischer Orden, bei denen habe ich angefangen, richtig in die Grundschule zu gehen.

Außerdem hatte meine Mutter den chinesischen Gelehrten Hu Dongyan gebeten, mir und meiner älteren Schwester Nachhilfestunden in Chinesisch zu geben. Aber der alte Mann hat uns nicht das moderne Chinesisch, sondern das alte, die »Vier Bücher«[1] von Konfuzius usw., beigebracht – der Unterricht war nicht anders als vor tausend Jahren.

Als ich dann zwölf Jahre alt war, stellte man Tb bei mir fest. Der deutsche Arzt Dr. Krieg wollte mich jeden Mittag bei sich haben, um mir eine Höhensonnenkur zu verabreichen. Darum empfahl

1. *Sishu:* die kanonisierten klassischen »Vier Bücher«: »Die große Lehre«, »Doktrin der Mitte«, »Lehrgespräche des Konfuzius« und »Menzius«.

er meiner Mutter, mich auf die Deutsche Schule zu schicken. Die Schule lag im Gesandtschaftsviertel Pekings, ganz in der Nähe des Hospitals. Das Gebäude war die frühere »Deutsche Baracke«. Wie Sie wissen, verfügte nach dem »Boxeraufstand«[1] *jede europäische Gesandtschaft über eigene Wachsoldaten. Die deutschen Soldaten waren in einem Hof nahe der Gesandtschaft untergebracht. Bei Kriegsausbruch 1914 mußten die Soldaten nach Qingdao*[2] *ausrücken, um die deutsche Kolonie zu verteidigen. Die Baracke wurde leer, und so konnte die Deutsche Schule dort einziehen.*

Auch andere Ausländer durften die Schule besuchen, die meisten waren jedoch Deutsche. Wir hatten auch einen Russen, zwei oder drei Chinesen und zwei oder drei Halbchinesen. Die meisten waren Kinder von Geschäftsleuten und Angestellten der Botschaft. Die Schule war ganz klein, meine Klasse bestand nur aus vier Schülern, Jungen und Mädchen gemischt. Wir waren zwei Jungen und zwei Mädchen. Im Jahre 1980 haben wir uns

1. Der gegen Christentum und ausländische Mächte gerichtete Geheimbund *Yihetuan* (Gesellschaft für Gerechtigkeit und Eintracht) löste im Jahre 1900 den »Boxeraufstand« aus (so genannt, weil die Aufständischen, größtenteils Bauern und Handwerker, sich der chinesischen Faustkampftechnik bedienten), der sich im Norden Chinas weit ausbreitete und sich gegen alles Ausländische, vor allem Missionare, richtete. 1901 wurde er von dem alliierten Expeditionskorps blutig niedergeschlagen, Peking und Tianjin bei einem Straffeldzug geplündert und niedergebrannt. Die Siegermächte konnten nun weitere exterritoriale Rechte und hohe Kriegsentschädigungen von China erpressen, in Peking durften sie das Gesandtschaftsviertel nach eigenem Gutdünken ausbauen.
2. Qingdao an der Küste in der Provinz Shandong gelegen, war von 1899-1918 deutsche Konzession. Die Deutschen errichteten dort ein »kleines Deutschland« mit Cafés, Villen, einer Bahnverbindung ins Hinterland und vor allem der Brauerei. Das berühmte »Qingdao-Bier« wird noch heute in alle Welt exportiert. 1918 fiel Qingdao an Japan.

in München wiedergetroffen, es sind alle noch am Leben. Von den Mädchen war die eine Tochter eines Großkaufmanns, eines Vertreters von »Junkers«, die andere Tochter eines deutschen Sattlers, der andere Junge Sohn eines Architekten.
Die deutsche Kolonie in Peking war nicht klein, konnte sich aber mit den Engländern und Amerikanern nicht messen. Ich schätze, sie wird so an die zweihundert Köpfe gezählt haben. Sie lebten gesondert und sprachen natürlich untereinander Deutsch. Die Verkehrssprache war damals Englisch, und selbst bei den Deutschen schlichen sich Ausdrücke wie »five-o-clock-tea« ein.
Als ich in die Schule kam, wurde ich zunächst ein bißchen geprüft, ich konnte ja kein Wort Deutsch. Die Lehrerin, Frl. Holland, prüfte mein Französisch und hat mich daraufhin in die Quinta eingestuft. Bis zur Untersekunda bin ich in die Deutsche Schule gegangen. Ich mußte anfangen, Deutsch zu lernen, denn ich wurde wie ein deutsches Kind behandelt, und ich weiß es noch genau, die deutschen Aufsätze, die ich schrieb, hat Frl. Holland immer mit »mangelhaft« benotet. Sehr viel später, in der Unterprima, habe ich zum ersten Mal für einen deutschen Aufsatz eine Zwei bekommen. Es wurden alle Fächer unterrichtet, kein Latein, natürlich kein Griechisch, aber Englisch und Französisch. Ich muß sagen, daß ich einzig und allein meiner Lehrerin Frl. Holland verdanke, daß ich Deutsch verstehe. Sie war Volksschullehrerin, keine Akademikerin, aber was sie einem beibrachte, das vergaß man nie mehr. Außerdem gab es Turnstunden, manchmal mußten wir nachmittags ins Gelände, auf so einen offenen Platz, wo wir Ball spielten, Fußball, Handball oder Schlagball. Später, als ich in einer höheren Klasse war, bin ich sehr gerne Eislaufen gegangen.
Die Schule fing um acht Uhr an und ging bis nachmittags um eins, dann konnten wir gehen. Ich begab mich natürlich ins Hospital, um die Höhensonnenstrahlen zu »genießen«, und

dann erst nach Hause. Wir hatten ja eine Privatrikscha – der Rikschakuli wartete auf mich und zog mich heim. Zu Hause gab's Mittagessen, anschließend mußte ich meine Schulaufgaben machen.

Ich hatte eine Schulkameradin, die wohnte gegenüber von unserem Haus, eine Deutsche, die kam öfter zu mir, und wir haben zusammen gespielt. Ich ging auch manchmal zu ihr, das war meine erste Bekanntschaft mit einer Deutschen.

Nach dem Abendessen ging ich gewöhnlich um neun Uhr ins Bett – ich habe immer sehr gut geschlafen. Ich weiß nicht, warum man behauptete, daß ich Tb hätte ...

1930 mußte ich die Schule verlassen, da sie nur bis zur Untersekunda ging. Meine Mutter hat mich dann nach Deutschland geschickt. Der gute Dr. Krieg hatte eine Verwandte in Hirschberg (Schlesien), die mich aufnahm. In Hirschberg ging ich in die Oberrealschule. Leider habe ich die Schule nicht beendet, weil meine Familie Schwierigkeiten in Sinkiang bekommen hatte, da habe ich dummerweise das Lernen aufgegeben und bin nach Peking zurückgekehrt.

Ich reiste mit einem Deutschen, einem Angestellten der Deutsch-Asiatischen Bank, zusammen über Sibirien mit der Transsibirischen Eisenbahn nach Europa. Die Fahrt dauerte vierzehn Tage und war die kürzeste Verbindung nach Europa. Damals ging alles noch glatter und einfacher als heute.

In Hirschberg wohnte ich bei einer alten Dame, einer Witwe, eben der Verwandten von Dr. Krieg. Ihr Mann war, glaube ich, Augenarzt gewesen. Ich wurde in einem recht einfachen Zimmer untergebracht. Ihre Familie war, ich weiß nicht wie, irgendwie mit dem preußischen Adel verschwägert, und als sie hörte, daß mein Vater nicht nur General, sondern auch ein Prinz war, da wurde ich sehr gut aufgenommen. General und Prinz – das war was. Sie machte mich auf die Werke von Friedrich II. und auf den »Gotha«-Adelskalender aufmerksam (sie besaß keine eigene Bibliothek, sondern nur einen Schrank mit Büchern). Meine Mutter zahlte ihr zweihundert Mark Pension, ich bekam außerdem etwas Taschengeld, nicht viel, aber ich gab auch nicht viel aus. Ich ging zum Beispiel Bergsteigen, Schwimmen, zum Eishockey und Wandern – wir waren doch gleich an der tschechischen Grenze, am Riesengebirge –, den Aufstieg zur Schneekoppe ... das habe ich alles gemacht ...

Nein, ich bin nicht ins Café gegangen. Manchmal hat mir die alte Frau Krieg einen Rum bereitet oder ein Glas Bier eingegossen, sonst hat sie mir nichts angeboten, aber ich ging auch nicht aus. Ich besuchte also die Oberrealschule, ohne Latein und ohne Griechisch. Nebenbei konnte man fakultativ das kleine Latinum machen, das habe ich auch gemacht.

Ich wurde immer der »Japse« genannt, es war ja noch die Weimarer Zeit, und darum ging es noch. Ich kann mir nicht vorstellen, wie es geworden wäre, wenn ich nach '33 noch dagewesen wäre. Ich hatte ein sehr gutes Zeugnis aus Peking mitgebracht und kann mich noch genau erinnern, wenn wir einen Deutsch-Aufsatz schrieben, mußten die anderen Schüler in deutscher Schrift schreiben. Ich war der einzige, der die lateinische Schrift benutzen durfte.

Wenn ich zurückdenke, war es eine glückliche Zeit, man war wirklich frei. Natürlich sahen wir die SS auf der Straße. Von Schlägereien las ich nur in der Zeitung, gesehen habe ich nichts. Auch die Reaktionäre – sagt man jetzt Reaktionäre? – spielten eine Rolle. In der Schule hat Politik jedoch keine Rolle gespielt. Die meisten Schüler waren gegen die Weimarer Regierung, das konnte man daran merken, daß sie schwarz-weiß-rote Fahnen bevorzugten, deutschnational.

Ich war in den besten Jahren meiner Jugend und habe sehr viel gelesen. Aus der Reclambibliothek konnte ich mir ein paar billige Bücher anschaffen. Dabei bin ich das erste Mal in meinem Leben auf Karl Marx gestoßen. Ich habe das »Manifest der Kom-

munistischen Partei« gelesen. Damals habe ich nicht begriffen, was er sagen wollte, aber das Deutsch war so schön geschrieben. Später, als ich wieder nach China zurückgekehrt war, wollte die Schwester eines Mitstudenten ein bißchen Deutsch lernen, und da ich zu jener Zeit nichts von den politischen Verhältnissen wußte, habe ich ihr ein paar Stellen aus dem »Manifest« beigebracht, als besonders gutes Deutsch.
Heimweh hatte ich nicht – nicht Sehnsucht nach der Heimat, Peking, nur Sehnsucht nach meiner Mutter, meinen Schwestern. Dann erhielt ich die traurige Nachricht, daß meine Schwester gestorben war, und später war da noch diese Familienaffäre – so kehrte ich zurück.

Ein Blick auf das alte Peking

Gab es Peking überhaupt?

Sie werden sagen: »Was für eine dumme Frage! Peking hat doch von jeher existiert. In der mongolischen Yuan-Zeit (1271-1368) hieß es Khanbaliq oder Dadu, später unter der Ming-Dynastie Peking, unter der Guomindang Beiping, jetzt wieder Peking oder Beijing. Es hat doch immer existiert.«

Ich wollte damit nur sagen, daß es unter der Qing-Dynastie keine Stadt gab, die administrativ Peking hieß. Die Stadt lag mitten auf der Grenze zwischen dem Kreis Daxing und dem Kreis Wanping, die beide wiederum der Präfektur Shuntianfu unterstanden. Peking als administrative Einheit existierte also nicht.

Meine Mutter erzählte mir hierzu eine Anekdote: Bei einer Audienz fragte die Kaiserinwitwe Cixi einen neu angekommenen hohen Beamten, wann er in der Stadt eingetroffen sei. Er gab zur Antwort: »Euer Sklave ist vorigen Monat in Peking angekommen.« Woraufhin die Kaiserinwitwe streng fragte: »Wo bist du angekommen?« Der Beamte stammelte: »Euer Sklave hat gefrevelt. Möge der Alte Buddha« – so der Ehrenname Cixis – »meinen Fehler verzeihen. Ich wollte sagen: Shuntianfu.« Der Beamte fiel in Ungnade und wurde nie wieder befördert.

Während einer Unterhaltung mit meinem chinesischen Lehrer fragte dieser mich: »Weißt Du, wo Peking steht?«

Ich war bestürzt: »Wir sind doch in Peking.« »Nein, das meine ich nicht; ich wollte wissen, wo die einzige Stelle ist, an der die beiden Schriftzeichen ›bei‹ und ›jing‹ geschrieben stehen.« Da mußte ich passen. Er fuhr fort: »Die einzige Stelle, wo man in Peking die beiden Schriftzeichen sehen kann, befindet sich unter der Houmen-Brücke in der Nähe des Trommelturms. Dort unter dem Brückenbogen sind die beiden Schriftzeichen in Stein eingemeißelt.«

Obgleich neugierig, konnte ich seine Behauptung nicht nachprüfen: Ich hätte dazu durch den Schlamm in den Graben vor dem Brückenbogen waten müssen.

Die Stadtmauer und ihre Tore

Das Peking, wie wir es heute kennen, ist in der Ming-Dynastie entstanden. Damals verlegte der dritte Kaiser der Ming-Dynastie, Yongle, die Hauptstadt von Nanjing nach Peking und unterteilte die Stadt durch den Bau von Stadtmauern auf folgende Weise: Im Zentrum befand sich, von einer dunkelroten Mauer eingeschlossen, die Verbotene Stadt, zu der außer der kaiserlichen Familie und den hohen Beamten niemand Zutritt hatte. Um sie herum erstreckte sich die Kaiserstadt, in der hohe mandschurische und chinesische Beamte wohnten. Die Kaiserstadt wurde von der Tatarenstadt umgeben. Dort wohnten die kaiserliche Garde und die Mitarbeiter der Mandschurischen Banner. Für die Chinesen gab es im Süden die Chinesenstadt, wo sich der Großteil der Geschäfte, Restaurants und Vergnügungsstätten befand. All diese verschiedenen Stadtteile waren, bis auf die ochsenblutrote Mauer um die Verbotene Stadt, durch hohe

Mauern aus grauen Ziegelsteinen voneinander getrennt. Über diese Mauern heißt es, daß der berühmte chinesische Mathematiker, Astronom und Astrologe Liu Bowen sie erbaut habe, jedenfalls stammen die Pläne von ihm. Man sagt ferner, daß die Kosten des Baus so hoch gewesen sein sollen, daß jeder Ziegelstein eine Unze Silber gekostet habe.

Leider ist die Stadtmauer mitsamt den Toren in den fünfziger Jahren abgerissen worden. In der Innen- oder Tatarenstadt standen neun Tore und vier Ecktürme, in der Außen- oder Chinesenstadt sieben Tore und vier Ecktürme. In meiner Jugend hatten die Tore noch ihre uralten Namen. Eines der großen, das Chaoyangmen (Tor der aufgehenden Sonne) wurde von den Chinesen nur Qihuamen genannt. Kein Rikschakuli hätte es verstanden, wenn man ihm gesagt hätte: »Zieh mich zum Chaoyangmen.«

Mit Ausnahme der drei Tore, die zwischen der Tatarenstadt und der Chinesenstadt lagen, wurde jedes andere Tor des Nachts geschlossen.

Eines abends kehrten wir sehr spät von den Westbergen in die Stadt zurück. Das Westtor war schon geschlossen. Glücklicherweise befand sich in unserer Mitte ein Ausländer, der einen besonderen Ausweis bei sich trug. (Solche Pässe wurden von der Stadtgarnison an hohe Beamte und ausländische Diplomaten ausgegeben). Der Torwächter mußte aufgeweckt werden. Er schlug mit einem Stock minutenlang auf eine Holztrommel, bis die Wächter auf der anderen Seite das Tor aufmachten. Da die Innenstadt neun Tore besaß, wurde der Garnisionskommandant Pekings in der Kaiserstadt »General der Neun Tore« genannt.

Gleich am Eingang des Qianmen-(Vorder)-Tors standen

zwei kleine Tempel, links der des Kriegsgottes Guangong und rechts der Tempel der Guanyin, Göttin der Barmherzigkeit. Von dieser Göttin wird erzählt: Als die Stadtmauer, die die Kaiserstadt von der Chinesenstadt trennt, fertiggebaut war, wollte Kaiser Yongle zwei Götter vor das Qianmentor postieren, das ja das Eingangstor zur Kaiserstadt darstellte. Für die Auswahl der Figuren ließ der Kaiser deren Horoskope stellen. Der Astrologe zeigte auf eine Guanyin und sagte, daß diese Figur viele Anbeter haben, zu der anderen dagegen kaum jemand kommen würde. Leider gefiel die Guanyin, deren Horoskop günstig war, dem Kaiser gar nicht. Er befahl, sie auf die weit im Süden des Reiches liegende Insel Putuoshan zu schaffen und die andere Guanyin-Statue vor dem Tor seiner Hauptstadt aufzustellen. »Wollen wir mal sehen, wer die meisten Anbeter haben wird«, sagte der Kaiser. Doch der Astrologe sollte recht behalten. Der Putuoshan in der Provinz Zhejiang ist einer der vier heiligen buddhistischen Berge und ein berühmter Wallfahrtsort Chinas. Zu meiner Zeit pilgerten jährlich noch unzählige Gläubige dorthin, während die Pekinger Guanyin nur wenige Anbeter hatte und in Vergessenheit geriet.

Die Hünen am Zoo

Der jetzige Zoo Pekings war früher der Lustgarten des Prinzen San. Erst später wurde er in den Zoologischen und Botanischen Garten umgewandelt.
In den zwanziger Jahren standen vor dem Eingang des »Gartens des Prinzen San« zwei chinesische Hünen, die die Eintrittskarten kontrollierten. Chinesen sind gewöhnlich nicht von besonders hoher Statur, aber diese

beiden müssen mindestens 2,50 Meter, wenn nicht größer gewesen sein. Auf mich machten sie damals einen weit gewaltigeren Eindruck als die Elefanten und Tiger des Zoos. Mein sehnlichster Wunsch war es, einmal genau so groß zu werden wie sie. Leider bin ich, an ihnen gemessen, ein Zwerg geblieben. Ende der zwanziger Jahre starb der eine und kurz darauf sein Genosse.
Jetzt sitzt am Eingang des Zoos eine nette Dame, die die Karten kontrolliert. Hünen soll es nicht mehr geben, wenigstens was die Körpergröße anbetrifft. Geistige Hünen soll man aber in China noch überall antreffen, zwar nicht vor dem Zoo, aber schweigen wir davon.

Freilichtschlachterei

In meiner Jugend wurden die Schafe gleich auf der Straße von einem Ahong (Imam) geschlachtet. Es war damals nur den Angehörigen der moslemischen Hui-Nationalität gestattet, Schafe zu schlachten. Ihre Schweine schlachteten die Chinesen selbst.
Es war deshalb erträglich, weil Schafe ihren Tod sehr philosophisch nehmen und keinen Ton von sich geben. Nur die Blutlache – nach mohammedanischem Ritus müssen die Tiere ausgeblutet werden – rief bei Leuten mit schwachen Nerven Ekel hervor.
Ganz anders ging es beim Schweineschlachten zu. Östlich der Dongsi-Kreuzung ist eine große Straße, die jetzt noch den Namen »Schweinemarkt-Straße« trägt. Dort wurden frühmorgens Schweine geschlachtet. Bekanntlich bleiben Schweine nicht so stumm wie Schafe. Das Geschrei und Gequieke riß die Bewohner der Umgebung regelmäßig aus dem Schlaf.

Kindesentführung

Davon hörte ich von meiner Amme Greuelgeschichten genug. Sie ließ mich auch nie allein auf die Straße gehen und erzählte mir ständig, daß die Entführer magische Kräfte besäßen und die Kinder ihnen folgen würden, wohin sie auch immer gingen. Zum Schluß würden sie aufgefressen werden.

Es war tatsächlich ein florierendes Gewerbe, Ammenmärchen hin oder her. Kleine Jungen wurden ins Ausland, meistens auf die südostasiatischen Inseln, verkauft, wo sie dann auf den Plantagen arbeiten mußten; die Mädchen gingen an die Bordelle. Die Polizei kümmerte sich nicht groß darum, sie bekam ihre Prozente.

Brunnen und Wasserverkäufer

Nur sehr reiche und vermögende Leute konnten sich einen Wasseranschluß leisten. Den meisten brachte ein Wasserverkäufer gegen ein monatliches Entgelt am Morgen und Abend das Wasser ins Haus.

Er hatte einen einrädrigen Holzkarren, auf dem beiderseits des Rads zwei Behälter befestigt waren. Die füllte er an einem Brunnen – damals gab es noch sehr viele -, stellte sie auf den Karren und schob diesen dann zu seinen Abnehmern. Leicht war die Arbeit nicht, die Ladung betrug an die hundert Liter.

Jetzt erinnern nur noch Straßen und Gassen wie »Süßwasser-Brunnen«, »Bitterwasser-Platz«, »Brunnen mit den drei Öffnungen« an diese Zeit.

Fäkaliensammler

Bis zur Befreiung 1949 – und noch darüber hinaus – verfügten die Häuser in Peking über keinerlei sanitäre Einrichtungen. Eine Vertiefung in der Erde und ein Dach darüber, das war alles, manchmal fehlte auch das Dach. Wasserspülung gab es nicht; woher das Wasser nehmen? Täglich kam der Fäkaliensammler mit seinem Eselkarren. Auf dem Rücken trug er ein Holzfaß ohne Deckel. Mit einem eisernen Löffel, der an einem Holzstiel befestigt war, schöpfte er die Grube aus, füllte die Fäkalien in sein Faß und ging zur nächsten Tür. War das Faß voll, leerte er es in einen Holzbehälter auf seiner Karre. Er verlangte nicht viel dafür. Die Fäkalien verkaufte er als Dünger an die Bauern. Man konnte sein Auskommen damit haben.

Ursprünglich nahm ich an, daß es sich um einen freien Beruf handeln würde; später erfuhr ich dann, daß die Sammler organisiert waren. Wie die »bootleggers« hatte jede »gang« ihr Revier, ihren eigenen Pachttarif, ihren Ehrenkodex, den man genau einhalten mußte, wenn einem sein Leben lieb war. In einer Kneipe saß ich oft mit einem höflichen und distinguierten Herrn zusammen, der den Anschein eines reichen Kaufmanns erweckte. Er war gut angezogen und hatte Manieren. Erst nach der Befreiung erfuhr ich, daß dieser Herr der König einer Fäkaliengang gewesen war. Selbstverständlich wurde er sofort »entthront«, durfte aber sonst seinen Geschäften weiter nachgehen ... mit der Karre und dem Faß auf dem Rücken.

Ich traf ihn später noch einmal wieder. Die höflichen Manieren hatte er abgelegt, weg war die frühere Vornehmheit. Sic transit gloria mundi.

Rikschas

Ohne sie wäre das alte Peking unvorstellbar gewesen. Fahrzeug und Name kamen aus Japan. Ein protestantischer Missionar, Reverend Bailey, hatte dort dieses ideale Fahrzeug erfunden, das Menschen in Zugtiere verwandelte.

In Japan hieß es »Jin ri ki sha«, was Menschenkraftwagen bedeutet, auf chinesisch »Renliche«, in der Umgangssprache »Yangche« (ausländischer Wagen), in Tianjin »Jiaopi« (Gummi), in Shanghai »Huangbaoche« (gelber Wagen). Bis zur Einführung der Dreiräder, »Pedicars« genannt, gegen Ende der dreißiger Jahre, beherrschten diese einsitzigen, manchmal auch zweisitzigen Fahrzeuge mit Gummireifen die Straßen Pekings. Kraftwagen konnten sich nur die wenigsten leisten. Zu einer Kutsche brauchte man einen Kutscher, der bezahlt werden, und einen Gaul, der gefüttert werden wollte. Zu einer Sänfte gehörten mindestens zwei Träger. Kraftwagen, Kutsche und Sänfte hatten noch den zusätzlichen Nachteil, daß man für sie eine Remise benötigte. Demgegenüber waren Rikschas leicht, beanspruchten wenig Raum, waren schneller als Sänften und hatten Gummireifen, die dafür sorgten, daß die Profite der ausländischen Kautschukmagnaten in die Höhe gingen. Pedicars verkörperten schon deshalb einen wirklichen Fortschritt, weil sie ein drittes Rad besaßen; also einen Reifen mehr für Dunlop & Co.

Die Rangordnung unter den Rikschakulis war genau festgelegt. Ganz oben stand der Kuli, der die Rikscha seines Herrn zog; er war eine Art Privatchauffeur. Sein Gehalt war zwar nicht hoch (an die zehn Yuan), aber ausreichend, um sich und seine Familie zu ernähren. Seine

Rikscha war neu, mit glänzenden Bronzebeschlägen versehen und für die Nacht mit hell leuchtenden Karbidlampen ausgerüstet. Er selbst war gut angezogen, manchmal trug er sogar eine Art Livree. Danach kam der Kuli, der eine eigene Rikscha besaß. Sein Einkommen richtete sich nach dem Zustand seiner Rikscha und seines Körpers. An letzter Stelle stand der Kuli, der sein Gefährt bei einem Rikschabesitzer mietete. Diese Besitzer hatten gewöhnlich ein paar Dutzend Fahrzeuge, die sie pro Tag zu einem festen Preis vermieteten, ganz gleich, wieviel der Kuli verdiente.

Gesellschaftlich standen die Rikschakulis nur eine Stufe höher als die Bettler. Sie waren Halbtiere, Zugtiere, die wie Menschen aussahen. Von Kunden zu schnellerem Tempo angetrieben, von Polizisten geschlagen, von anderen Chinesen verachtet, fristeten sie ein kümmerliches Dasein. Die meisten von ihnen litten an Tuberkulose.

Da es in meiner Jugend in Peking weder eine nennenswerte Industrie noch Fabrikarbeiter gab, bildeten die Rikschakulis das Proletariat der Stadt. Im Jahre 1927 oder 1928, als die ersten Straßenbahnen in Betrieb genommen wurden, rotteten sie sich zu einem Aufstand gegen die Straßenbahn zusammen. Unter den verzweifelt-kindlichen Rufen: »Nieder mit der Straßenbahn!« zerschlugen und verbrannten sie die Straßenbahnwagen.

Eine Klasse für sich waren die Rikschakulis des Gesandtschaftsviertels. Sie waren bei der Polizei des Viertels registriert und hatten auf dem Kotflügel ihrer Rikscha eine Bronzeplatte mit der Aufschrift Q. D. (Quartier Diplomatique). Die Rikschas glänzten im frischen Lack, die Kulis waren schnell, der Preis selbstverständlich hoch.

Eine merkwürdige Erscheinung war der »Alte Buddha«, ein Rikschakuli vor dem Eingang des inzwischen abgerissenen, einst vornehmsten Hotels der Stadt, dem »Wagon-Lits« im Gesandtschaftsviertel. Seinen richtigen Namen habe ich vergessen. Die Kulis mußten einen Teil ihres Verdienstes an ihn abgeben. Wenn ein Gast aus dem Hotel herauskam und »Rikscha« rief, bestimmte er, wer ihn ziehen sollte. Die Kulis gehorchten ihm blind. Gleich nach der Befreiung wurde dieser Kulibuddha als Konterrevolutionär und Despot entlarvt, man hat ihn erschossen.

Gefährlich ist es, den Drachen zu wecken

Im Nordost-Stadtvietel Pekings gab es eine berühmte Straßenkreuzung, Beixinqiao. Nördlich der Kreuzung stand an der Ostseite ein Tempel des Drachenkönigs. Dieser Tempel wurde später in ein Blumengeschäft umgewandelt, aber im Hinterhof ist heute noch ein Brunnen zu sehen. Man sagt, daß der Brunnen keinen Grund habe, also unendlich tief sei. Neben dem Brunnen war eine Kette angebracht, an der ein Schöpfeimer befestigt war. Wie lange man auch an der Kette zog, um Wasser zu schöpfen, der Eimer wollte und wollte nicht zum Vorschein kommen, bis man dann doch endlich einen Widerstand spürte. Da war es aber auch schon höchste Zeit, mit dem Ziehen aufzuhören, denn zerrte man weiter, würde der Drachenkönig zürnen und den Übermütigen unweigerlich in den Brunnen hinabziehen. Wenn dieser Brunnen überfluten sollte, hieß es weiter, stünde bald ganz Peking unter Wasser; so mächtig ist der Drachenkönig.

In den dreißiger Jahren ging ich einmal zu diesem Brunnen, wurde aber von einem wohlwollenden alten Mann beim Ziehen an der Kette gehindert. Er schrie: »Was tun Sie, junger Mann; Sie stürzen sich ja ins Unglück!« Er hat es nur gut gemeint.

Der Esel, der einem zum Verhängnis wird

Wie sich leicht anhand des Stadtplans erkennen läßt, ist Peking durch eine Seenkette in eine östliche und eine westliche Hälfte geteilt. Eine große Brücke verbindet die beiden Teile. Die jetzige Brücke, die Beihai-Brücke, wurde 1954/55 gebaut. An ihrer Stelle stand früher eine Bogenbrücke mit einem Steingeländer von ungefähr einem Meter Höhe.
Es wird erzählt, daß dort nachts ein alter Mann mit einem weißen Esel auf verspätete Fußgänger wartete. Wehe dem, der sein Angebot, den Esel zu besteigen, annahm! Unweigerlich stürzte er in den See und ertrank. Ich glaube, diese Legende galt als Warnung für Leute, die auf kleine Vorteile – in diesem Fall einen kostenlosen Ritt – bedacht sind, und gleichzeitig für den, der mehr trinkt, als er vertragen kann.

Die vier Spukhäuser

Überall in Europa und in Asien spricht man von berühmten Häusern, in denen es spukt. In Schottland soll es ein Schloß geben, wo der ehemalige Besitzer jede Nacht mit dem Kopf unter dem Arm in den Korridoren spazieren geht.

In Peking gab es die berühmten »Vier Spukhäuser«. Leider kenne ich nur eins davon. Es lag nördlich vom Beihai-Park am Shicha-See. Dort soll es schauerlich zugegangen sein.
Jeder alte Pekinger kannte diese Häuser, aber die Spukgeschichten unterschieden sich sehr voneinander. Man erzählte sich von Fuchsgeistern, die einem dort als schöne Frauen erschienen und von denen man verführt wurde, und von Poltergeistern. Das waren höchst lästige Wesen, an die damals jedermann glaubte. Sie ärgerten die Menschen, indem sie furchtbar viel Krach machten oder zum Beispiel plötzlich als Vase ins Zimmer geflogen kamen.
Mein alter Diener Zhang Er erzählte mir seine persönliche Begegnung mit ihnen: Er war bei einem Deutschen als Diener angestellt. Dieser Deutsche wohnte in einem sehr schönen Haus, das nur den Nachteil hatte, daß man in einem bestimmten Zimmer nicht übernachten konnte. Jedesmal, wenn der Herr in diesem Zimmer schlief, wachte er am anderen Morgen in seinem Garten unter freiem Himmel auf. Die Poltergeister hatten ihn samt Bett, Bettdecke und Kopfkissen dorthin befördert. Ich kann mich nicht erinnern, daß Zhang Er zuviel trank.

Die Wangfujing

Eine der belebtesten, wenn nicht die belebteste Straße Pekings ist die Wangfujing in der Oststadt. Ins Deutsche übersetzt heißt sie »Straße des Brunnens des Prinzen-Palastes«. Zur Zeit meiner Jugend und noch viel später konnte man am südlichen Ende der Wangfujing mitten auf der Straße eine Öffnung in einer Steinplatte sehen.

Das ist der Brunnen des »Prinzen-Palastes«. Woher der Name kam, ist mir unbekannt. War früher hier ein Palast? Jedenfalls kann ich mich sehr gut daran erinnern, daß man daraus Wasser schöpfte, um die Straße zu besprengen.
Die Wangfujing ist schon immer eine Haupteinkaufsstraße gewesen. Nach 1900 wurde sie von Europäern eine Zeitlang Morrison Street genannt, nach dem englischen Journalisten Morrison. Wie heute, gab es dort auch damals viele Einkaufsläden und Restaurants, darunter zwei europäische Warenhäuser. Auch die Loge der englischen Freimaurer befand sich dort. In ihrer freien Zeit kamen alle Pekinger gerne in die Wangfujing, zum Bummeln, Einkaufen oder um essen zu gehen.

Das Leben in Peking

Da das Peking meiner Jugend keine Industriestadt war, lebte es sich hier sehr ruhig und angenehm. Unter den Ausländern gab es nicht wenige, die eigentlich nur für kurze Zeit, zu einem bestimmten Zweck, nach Peking kamen und sich dann von der Stadt nicht mehr trennen konnten. Sie suchten sich hier eine Existenz, manchmal eine recht bescheidene, und wurden alte Pekinger. Ich habe einen Franzosen getroffen, der mir sagte, hätte Josephine Baker Peking einmal besucht, hätte sie nicht gesungen: »J'ai deux amours, mon pays et Paris.«
Und wie lebte ein Chinese? Er wohnte in einer Hutong (einer kleinen Gasse); wenn er wohlhabend war, in einem Hof für sich, wenn nicht, zusammen mit anderen Familien. Es kam vor, daß sich sechs bis neun Familien einen Hof teilten. Nach Büroschluß, wenn er ein Trinker

war, verbrachte er einen angenehmen Abend in seiner Lieblingskneipe, wo er seine Bekannten traf. Oder er ging in ein Teehaus, ins Theater, selten ins Kino; europäische Filme waren nicht nach seinem Geschmack. Im Sommer fuhr er allein oder mit seiner Familie zum Shicha-See.

Das ist ein kleiner See nördlich vom Beihai-Park. Vor der Befreiung war er vom Nordwest- bis zum Südostufer durch eine ca. zwanzig Meter breite Dammstraße in zwei Hälften geteilt. Im Sommer und Spätherbst herrschte Hochbetrieb. Beiderseits der Straße stand eine Garküche neben der anderen, wo man alle Spezialitäten der Stadt kaufen konnte. Eiskrem- und Schnapsverkäufer hatten ihre eigenen Zelte. Ein Nachmittag oder Abend dort war bedeutend billiger, aber nicht minder abwechslungsreich als in den Parks oder auf dem Dachgarten des Peking-Hotels.

Tempel und Religionen

Was den religiösen Glauben anging, so waren die meisten Chinesen zur gleichen Zeit praktizierende Buddhisten, Konfuzianer und Daoisten, ja vielleicht wußten sie manchmal gar nicht mehr so genau, auf welche Religion einzelne Gebräuche zurückgingen. Mir ist einmal von einem tibetischen Banchan(Panchen)-Lama erzählt worden, der vor einem Beamten der Qing-Dynastie eine konfuzianische Ketou(Kotau)-Verneigung vollführte.

In diesem Sinne darf es also auch nicht verwundern, wenn derselbe Pekinger sowohl buddhistische als auch daoistische Tempel aufsuchte, von denen ich im folgenden berichten will.

Ungefähr eine halbe Tagesfahrt von Peking entfernt befindet sich der berühmte Wallfahrtsort Miaofengshan. Der Tempel, auf einer Bergspitze gelegen, war der Göttin der Barmherzigkeit Guanyin geweiht.
Jedes Jahr, vom 1. bis zum 15. des Vierten Monats nach dem Mondkalender (etwa Mitte bis Ende Mai), pilgerten die Chinesen dort hinauf, um der Göttin Weihrauchopfer darzubringen. Die Pilgerreise mußte zu Fuß gemacht werden. Junge Burschen in festlichen Gewändern, um den Kopf ein gelbes Tuch gewickelt, trugen Tragestangen, von denen Körbe mit Opfergaben herabhingen. An Körben und Tragestangen waren Schnüre befestigt, an denen Schellen hin- und herschwangen, die bei jedem Schritt ein Klirren von sich gaben.
Bis Beianhe am Fuß des Berges war der Anstieg leicht, von dort aus ging es jedoch steil nach oben. Überall stieß man auf Raststätten, wo sich die Pilger ausruhen konnten. Man bekam nur vegetarische Kost und durfte weder rauchen noch trinken.
Pantaogong, der »Palast der flachen Pfirsiche«, ein Nonnenkloster, lag außerhalb des Hatamen-Tors am heutigen Chongwenmen. Am dritten Tag des Dritten Monats (Anfang April) ließen sich wohlhabende Pekinger in Sänften, Wagen oder Eselkarren dorthin bringen, um der Göttin der Barmherzigkeit ihr Opfer darzubringen.
Baiyunguan, der »Tempel der Weißen Wolke«, war daoistisch. Einmal im Jahr fand dort ein Eselwettrennen statt, das sehr viele Zuschauer anlockte. Da sie Opfergegenstände und Geldspenden mitbrachten, war das Ereignis eine nicht unbeträchtliche Einnahmequelle für die Mönche.

Tempelmärkte und die Himmelsbrücke

Als ich klein war, nahm mich der Alte Zhang häufig zu den Tempelmärkten mit. Der »Tempel des großen Glücks« (Longfusi) im Ostteil der Stadt ist mittlerweile ein Volksmarkt geworden, der »Tempel zum Schutz des Reiches« (Huguosi) ist ebenfalls nicht mehr in seiner ursprünglichen Form erhalten. Die Tempelmärkte hatten eigentlich mit den Klostern selbst nicht viel zu tun; die Mönche stellten privaten Händlern ihren Hof zur Verfügung und erhoben dafür eine Standgebühr.

In beiden Tempeln wurden monatlich abwechselnd Märkte abgehalten, wo man von kostbarem Schmuck bis zu abgetragenen Schuhen alles bekommen konnte: Besen, Perücken, Porzellan, Särge und so weiter. Dazwischen hatten Garküchen unter freiem Himmel ihre Stände aufgeschlagen, wo man Pekinger Spezialitäten essen konnte. Photographen mit ihren Kameras auf hölzernen Dreifüßen priesen lauthals ihr Können an. »Auf meinem Bild sehen Sie garantiert zehn Jahre jünger aus. Gehen Sie nicht zur Wangfujing, kommen Sie, kommen Sie zu mir!« Dort, in einem aufgeschlagenen Zelt, steht ein Tisch mit einer Buddhafigur, ringsum sind kleine Knochenstücke angehäuft. Wollen wir einmal sehen, was das ist. Es sind Zähne. Unser Händler ist ein Dorfzahnarzt. Backen- und Schneidezähne türmen sich zu einem Berg. Er hat sie alle nach einem Geheimverfahren schmerzlos gezogen: »Bitte sehr, hier ist ein Stuhl, alte Tante. In ein paar Sekunden sind Sie Ihre wackeligen Zähne los, und alles nur für ein paar Fen.«

Dort pirscht sich einer an einen jungen Mann heran und zeigt ihm eine pornographische Photographie. Dem aufgeregten Jüngling flüstert er zu: »Für dreißig Fen gebe ich dir diesen Umschlag mit drei Bildern, aber pst! Die Polizei!« Zu Hause reißt unser Jüngling erwartungsvoll das Kuvert auf und stellt fest, daß er für dreißig Fen einen Umschlag mit drei weißen Kartons gekauft hat.

Wir gehen weiter. Da steht einer, der unablässig schreit. Er hat eine Salbe, sie kostet fünf Fen. Sie beseitigt Warzen. »Gnädiges Fräulein. Sie haben an der Wange eine Warze, die Ihr Gesicht und Ihre Zukunft beeinträchtigt. Kaufen Sie meine Salbe. Am nächsten Morgen sind Sie Ihr Übel los. Wenn nicht, schlagen Sie mich übermorgen tot.« Wer will einen Totschlag begehen?

Wir kommen an einen anderen Stand, wo Ringkämpfe ausgetragen werden. Die Zuschauer werfen Kupfermünzen in die Arena. Erst wenn sich eine ausreichend große Menge angesammelt hat, kann der Ringkampf beginnen. Vorher gehen die Kämpfer im Kreis herum und preisen ihre Künste und Kräfte an.

Wenn man vom Qianmen-Tor in Richtung Süden geht, kommt man an die Himmelsbrücke, auf Chinesisch Tianqiao. Eine Brücke gab es da allerdings schon zu meiner Zeit nicht mehr zu sehen. Dort herrschte das gleiche Gedränge wie in den Tempeln. Aber hier konnte man noch Akrobaten bewundern oder die Menschenspinne (eine große Spinne mit einem lebenden Menschenkopf). Weise alte Männer verkauften Pillen, die Keuchhusten und Impotenz kurierten. Wahrsager stellten Ihnen gleich ein Horoskop und sagten, daß »sie« sehr bald ja sagen oder daß Ihr Mann von seiner Vernarrtheit in die junge Schauspielerin bald geheilt werden würde.

Die Himmelsbrücke bot noch eine andere zusätzliche Attraktion: Hier wurden die Hinrichtungen vollstreckt. »Du gehst zur Himmelsbrücke« bedeutete daher auch: »Du kommst an den Galgen.«

Der Fruchtmarkt

In der Nähe des Tores Deshengmen, eines der letzten bis heute erhaltenen Stadttore im Nordwesten von Peking, gibt es eine Straße, die »Fruchtmarkt« heißt. Hier wurden von Großhändlern der verschiedenen Wohnviertel Pekings das Obst der Saison – Äpfel, Birnen und alle möglichen Arten von Nüssen – verkauft, das in der Umgebung der Hauptstadt geerntet worden war.
Die Bauern der Umgebung, deren Felder bis zu einer Tagesreise entfernt lagen, kamen mit ihren Karren, luden sie in den Godowns der paar en-gros-Händler ab und übernachteten bei ihnen. Die Großhändler setzten die Preise fest. Wer damit nicht einverstanden war, konnte gleich die Rückreise antreten. Versuchte er, seine Ware eigenhändig loszuwerden, bekam er es mit einer Bande von Schlägern zu tun, die für Rechnung der Großhändler arbeiteten.
Abends, wenn die Stadttore geschlossen wurden, verwandelte sich der Fruchtmarkt in einen Nachtmarkt. Dann begann mitten in der Nacht, sagen wir, gegen zwei oder drei Uhr, das Leben. Jeder, der etwas zu verkaufen hatte, konnte dort seine Waren ausstellen. Auch hier handelte es sich meistens um alte Kleider, Kochtöpfe, zu Bruch gegangene Möbel, zerfledderte Bücher usw. Aber manchmal hatte man mitten in diesem Gerümpel auch Glück. Ich habe dort einmal eine alte europäische Schnupftabakdose aus dem 18. Jahrhundert gefunden. Wie die wohl nach China gekommen ist? Ein anderes Mal sah ich einen Alten, der eine europäische Silbermünze mit dem Bildnis einer Frau vor sich liegen hatte: einen Maria-Theresia-Taler.
Bei Tagesanbruch ging man auseinander. Gleich dane-

ben standen Garküchen, wo man gut und billig frühstükken konnte.
Schon bei Einbruch der Nacht leuchteten am Deshengmen-Tor und in der Weststadt überall an den großen Straßenkreuzungen oder beiderseits belebter Straßen Petroleumlampen auf. Es waren meistens Essenstände, wo man in der Kühle, auf Holzbänken sitzend, seinen Abendimbiß verzehren konnte, denn die chinesischen Restaurants schlossen bereits um 21 Uhr. Andere Verkäufer zogen mit Essenskörben durch die Straßen und Gassen und priesen ihre Leckerbissen lautstark an. Manche fingen erst recht spät in der Nacht an. Sie vertrauten darauf, daß die wohlhabenden Herren und Damen, nachdem sie die ganze Nacht am Majiang (Mah-Jongg)-Tisch gesessen hatten, hungrig sein würden. Von diesen Händlern konnte man auch eine kleine Dosis Opium bekommen.

Fälscher, Taschendiebe, Detektive

Bilder, Kalligraphierollen, Buddhastatuen wurden natürlich von Chinesen gefälscht. Die Abnehmer waren jedoch Ausländer. Einen Fälscher in der Nordstadt von Peking kannte ich persönlich, ein tüchtiger Goldschmied. Als ich ihn einmal besuchte, arbeitete er gerade an einer Buddhastatuette, auf deren Sockel er ein paar chinesische Zeichen einmeißelte. Als ich näher hinschaute, sah ich, daß es das kaiserliche Siegel der Ming-Dynastie war.
Er erklärte es mir: »Für einen Curiosahändler«, sagte er. »Fälscherarbeit?« Er zuckte mit den Schultern. »Ob es eine Fälschung ist oder nicht, ist mir egal.« »Wie geht es

dann weiter?« Er blies den Staub von dem Sockel. »Der Händler tut die Statue in einen Beutel mit Kochsalz und ein wenig Essig. Den Beutel vergräbt er dann für ein halbes Jahr in der Erde. Dadurch bekommt sie Patina.« »Was verdienst du daran?« »Zehn bis zwanzig Dollar.« Er legte den Meißel weg. »Und er?« »Ich weiß nicht. An einen Ausländer kann er sie vielleicht für tausend Dollar verkaufen. Aber das ist nicht meine Sache.«

Eine Französin erwarb bei einem ungarischen Curiosahändler einen Porzellanteller aus der Ming-Zeit. Es gab damals zwar auch einige ausländische Antiquitätenhändler, die Mehrzahl dieser Geschäfte aber wurde von Chinesen geführt. Doch zurück zu meiner Geschichte: In Paris wurde von Experten festgestellt, daß der Teller höchstens fünfzig Jahre alt sei. Als sie wieder in Peking war, ging die Französin mit den Expertisen zu ihrem Händler. Der gab ihr das Geld anstandslos zurück, bat sie aber dafür, über diese Angelegenheit Schweigen zu bewahren.

Wie überall auf der Welt gab und gibt es in Peking auch Taschendiebe. Der Beruf muß wie jeder andere auch gelernt werden. Dazu sind Klugheit, Schnelligkeit und Gewandtheit erforderlich. Es gab alte Veteranen, Meister ihres Fachs, die eine ganze Gruppe von Lehrlingen und Gesellen um sich scharten. Wenn diese ausgelernt hatten, oblag ihnen die Verpflichtung, für den Unterhalt des Meisters und dessen Familie aufzukommen.

Der Chef eines Taschendiebringes war meistens irgendwie mit der Polizei verschwistert oder verschwägert. Ich kannte eine Familie, wo der Vater Taschendieb und der Sohn Detektiv war.

Wenn das Opfer eines Taschendiebstahls eine einflußreiche Persönlichkeit war, konnte er die gestohlenen

Gegenstände leicht wiederbekommen; er mußte nur eine angemessene Belohnung (oder sollen wir »Cumshaw« sagen?) zahlen. Vielleicht war das der Grund, warum Ausländer mir oft versicherten, daß die chinesischen Detektive »very efficient« seien.

Warenzeichen

Damit hatte es in China – allerdings nur, was die dort verkauften ausländischen Produkte anbetrifft – eine große Bewandtnis. Mehr als irgendwo sonst waren sie in China von den Waren nicht zu trennen. Man kaufte die Glaslinse mit den darübergesetzten Worten Carl Zeiss Jena, oder den dicken Mann aus lauter Reifen von Michelin. Der Vertreter der deutschen Firma Carlewitz & Co. leerte in meinem Beisein einmal sein Bier und sagte: »Die Chinesen sind wie versessen auf Warenzeichen. Wir verkauften vor dem Krieg« (er meinte den Ersten Weltkrieg) »Nähnadeln deutscher Herkunft. Die Marke fand reißenden Absatz längs des Yangzi-Flusses. Dann kam die Repatriierung; die deutschen Firmen mußten zumachen. Als wir zurückkamen, wollten wir das Geschäft mit den Nadeln wieder aufnehmen. Aber die Herstellerfirma hatte längst pleite gemacht. Wir versuchten es mit einer neuen Marke, die sogar besser war als die alte; kein Mensch kaufte sie. Schließlich sahen wir uns gezwungen, die bankrotte Fabrik aufzukaufen und die Nadeln unter dem alten Warenzeichen selbst herzustellen.«

Stummes Feilschen

Anfang der dreißiger Jahre begleitete ich einen Bekannten nach Baotou, einer Stadt in der Inneren Mongolei. Er plante eine Rundreise durch die Mongolei und wollte sich ein Reitpferd kaufen. Seine Gefolgsleute schleppten einen Pferdehändler herbei. Ein schöner Paßgänger wurde ausgewählt und der Händler nach dem Preis gefragt. Einer der Gefolgsleute steckte seine Hand in den Ärmel des Pferdehändlers und ließ ihn dort eine Weile stecken. Dann sagte er, zu seinem Herrn gewandt: »Er will vierhundert Dollar für das Pferd.« »Viel zu hoch.« Der Diener wandte sich wieder an den Händler. »Wie wäre es damit?« (Er hatte seine Hand weiter im Ärmel des Händlers). Die Antwort, die man nicht hören konnte: »Nein, höchstens das.« Eine ganze Zeitlang wurde so hin- und hergefeilscht, bis der Verkäufer mit dem Preis zufrieden war. Der Gefolgsmann nannte den Preis. Man wußte natürlich nicht, wie hoch dabei sein eigener Anteil war. Diese Kunst des »stummen Feilschens« beherrschten zu meiner Zeit alle Händler. Durch wechselnde Stellungen der Finger konnte man alle Zahlen von eins bis zehn ausdrücken. Für größere Beträge sagte man einfach: »das . . . groß«, also Zehner, oder »das . . . noch größer«, womit Hunderter gemeint waren. Die Methode hatte den Vorteil, daß Dritte über die Höhe des Preises, Nachlässe und andere Einzelheiten nichts erfuhren.

Brillen nach Alter

Brillen kaufte man früher, ohne vorher zum Optiker oder Augenarzt zu gehen. Auf Jahrmärkten gab es besondere Stände für sie. Die oder der Alterssichtige sagte einfach zum Verkäufer: »Meine Brille taugt nichts mehr. Ich will jetzt eine Sechzigjährige«, und der Handel ging glatt vonstatten. Oder eine alte Dame wollte eine Brille, wußte aber nicht, welche. Der Verkäufer fragte: »Wie alt sind sie?« »Sechzig Jahre.« »Dann nehmen Sie diese dreiundsechzigjährige; sie wird Ihnen drei Jahre lang gute Dienste leisten.«

1974, als ich sechzig Jahre alt wurde, ließ auch meine Sehkraft nach. Ich ging in ein Geschäft und sagte zu der Verkäuferin: »Bitte, geben Sie mir eine Sechzigjährige Brille. Wieviel würde Sie kosten?« Sie starrte mich nur fassungslos an. Neue Zeiten, neue Ausdrucksweisen.

Geschichtenerzähler, Schausteller und Sänger

Nur wohlhabene Chinesen konnten es sich erlauben, in die chinesische Oper zu gehen. Einfache Handwerker und Kulis mußten auf diesen Spaß verzichten. Eine Eintrittskarte kostete so viel wie die Einnahmen eines ganzen Tages, bisweilen sogar noch mehr. Aber für sie gab es andere Attraktionen: In den einfachen Teehäusern fanden sich besonders zu den Winterabenden Geschichtenerzähler ein, die Episoden aus der chinesischen Geschichte vortrugen. Bei Tee konnten dort Männer, Frauen und Kinder den Heldentaten der Krieger vergangener Zeiten, den Ränken böser Minister und falscher Würdenträger, oder den Sehnsüchten der

keuschen Fräulein aus dem berühmten Roman *Traum der roten Kammer* lauschen.
Der Wirt des Gasthauses verlor dabei nichts. Die Gäste hörten diesen aufregenden Geschichten wie gebannt zu. Sie blieben stundenlang und kamen immer wieder.
Affenvorführer waren meistens verarmte Bauern aus der Umgegend, die entweder auf Straßen und Plätzen ihre Vorführungen zum besten gaben oder von reichen Leuten nach Hause eingeladen wurden. Hunde und Affen führten zum Klang eines Gongs kleine Kunststücke vor. Ein Affe kletterte, Grimassen schneidend, eine Strickleiter hoch, ein anderer kroch durch eiserne Ringe, die auf dem Boden aufgestellt waren. Dabei sang der Vorführer Volkslieder und solche, die die Handlung des Stückes erzählten.
Andere Schausteller kamen in die Stadt, um dressierte Mäuse vorzuführen. Die Geräte ihres Gewerbes hatten sie an einer Tragestange befestigt. Wenn man sich über den Preis der Vorstellung geeinigt hatte, öffnete der Mann seine Truhe, baute eine kleine Klettertreppe und verschiedene winzige Türme auf. Dann sprangen aus einem Kasten die Schauspieler, weiße Mäuse. Begleitet von Rezitationen und Gongschlägen kletterten sie die Treppchen hoch, krochen in die Türme und führten allerlei Akrobatik vor. Für die Vorführung, die ungefähr eine halbe Stunde dauerte, zahlte man ein paar Fen.
In den Sommernächten, wenn man nichts zu tun und genug Geld hatte, konnte man fahrende blinde Sänger in seinen Hof oder Garten rufen, um sich von ihnen populäre Arien vortragen zu lassen.
Warum gerade Blinde? Das lag daran, daß in alten Zeiten chinesische Frauen nicht von fremden Männern gesehen werden durften.

Altwarenverkäufer und Streichholzdamen

Heute gibt es staatlich geführte Läden, die gebrauchte Gegenstände, alte Kleidungstücke usw. aufkaufen. Früher betrieben natürlich Privathändler dieses Geschäft. Sie waren mit zwei Körben ausgestattet, die an den Enden einer Tragestange herunterhingen; in der Hand hielten sie eine winzige Trommel, die sie ununterbrochen schlugen, wenn sie durch die Straßen und Gassen der Stadt zogen. Ihre Kunden waren Hausfrauen, Kinder, Greise, die ihnen verkauften, was im Haushalt nicht mehr benötigt wurde. Gefeilscht wurde immer. Selbstverständlich hatten diese Händler ihrerseits wieder Abnehmer, die – besser gestellt als sie selbst – es sich leisten konnten, in Kneipen darauf zu warten, daß man ihnen die Ware dorthin brachte. Der Sohn meiner Amme, der auch ein Altwarenhändler war, verdiente im Monat zwanzig bis dreißig Yuan. Das entsprach dem Gehalt eines Mittelschullehrers.

Verluste hatten sie kaum, es sei denn, sie tranken, würfelten oder zahlten zuviel »Squeeze« an die Polizei, die natürlich auch ihren Anteil am Gewinn haben wollte. Eine andere Sorte von Aufkäufern waren ältere Frauen, die mit einem Korb auf dem Rücken Altpapier kauften. Sie bezahlten nie bar, sondern immer nur in Streichhölzern, wie sie ja jeder Haushalt benötigt. Mit ihren Körben wanderten sie durch die Gassen und riefen: »Umtausch von Streichhölzern.« Die Polizei mischte sich nicht ein.

Pfandhäuser

Wer kein Geld hat, muß sich welches leihen. Wer nichts leihen kann, muß etwas verkaufen oder verpfänden. Dafür waren die Pfandhäuser da, nicht solche wie die der Koreaner, die ich weiter unten noch beschreiben werde, sondern solche der soliden, alten Schule.

Gegen Zinsen beliehen sie fast jeden Gegenstand. Ein Kuli, der in Geldnöten war, konnte seinen Watteanzug verpfänden, ein Reicher, der vorübergehend Geld brauchte, seine Uhr oder den Schmuck seiner Frau. Die Frist betrug drei Jahre, die Zinsen wurden mit drei Prozent pro Monat berechnet. War man sich über die Summe einig, wurde eine Quittung ausgeschrieben und das Geld ausbezahlt. Löste der Betreffende innerhalb der Frist seine Sachen nicht ein, konnte er sie nur dadurch verlängern, daß er die Zinsen zahlte.

Vor allem verarmte Nachkommen reicher Familien gehörten zu den Kunden solcher Anstalten. Auch ich habe manchmal in augenblicklicher Geldnot eine Uhr, einen Ring verpfänden müssen. Selbst wenn ich sie am folgenden Tag wieder einlöste, mußte ich drei Prozent zahlen. Dreimal 365 ist gleich 1095 Prozent Zinsen. Manchmal lohnen sich Geschäfte.

Meine Mutter erzählte, daß in ihrer Kindheit die Reichen im Frühling ihre Pelzmäntel für eine lächerliche Summe verpfändeten, nicht weil sie Geld brauchten, sondern weil die Sachen in Pfandhäusern sicherer und besser aufgehoben waren. Für sie spielten Zinsen keine Rolle.

Die kleinen Kapitalisten

Dies waren Erben reicher Leute, womit ich nicht die legendären Gestalten wie den jüdischen Händler Sassoon in Shanghai meine, oder die Mitglieder des Hauses T. V. Soong, eine der vier großen Familien, die China zur Republikzeit beherrschten, sondern die, die sich in der komplizierten Welt des »Business« nicht auskannten und deshalb auf andere Leute angewiesen waren.

Eine vermögende Witwe gab beispielsweise einem »Manager« Zehntausend Yuan, um ein Geschäft zu eröffnen. Das Geschäft lief unter ihrem Namen. Tatsächlich führte der Manager die Firma völlig allein (die Witwe verstand ja nichts davon). Am Jahresende zahlte er ihr – nach Abzug seiner Prozente – den Gewinn aus, sofern es einen gab. Meistens mußte der Besitzer froh sein, wenn er zwei Prozent des Kapitals erhielt. Die Banken gaben damals schon vier Prozent Zinsen für laufende Konten, für Termingelder acht Prozent. Im nächsten Jahr war das Unternehmen bereits verschuldet, und der Besitzer mußte Geld nachschießen. Ganz gerissene Geschäftsführer gingen nach ein paar Jahren zum Eigentümer und sagten: »Unser Kapital war zehntausend Yuan; die Schulden belaufen sich jetzt auf neuntausend Yuan. Ich mache Ihnen einen Vorschlag: Verkaufen Sie mir das Geschäft. Ich zahle Ihnen viertausend Yuan bar auf die Hand.« So wurde es gemacht, und der Geschäftsführer wurde Inhaber.

Das war das berüchtigte »Lingdong«, zu Deutsch: »dem Inhaber unter die Arme greifen«. Ich kenne sehr viele wohlhabende Familien, die daran zugrunde gegangen sind.

Grundbesitzer, die nicht wissen, wo ihr Grund und Boden liegt

In der Zeit der Japaner und der Guomindang lebte in Peking ein gewisser Yang, den man allgemein den Oberst Yang nannte, ich weiß nicht warum. Dieser damals ungefähr vierzigjährige Mann, elegant, mit einer roten Narbe auf der Stirn, war eine berüchtigte Erscheinung im Nanyuan-Distrikt im Süden von Peking. Ich habe ihn ein paarmal in der Stadt gesehen; einmal haben wir uns sogar im Sun-Zhongshan-Park in einem Teehaus unterhalten. Er war gesprächig, höflich, zuvorkommend und mehr als großzügig.

Ihm gehörte fast ganz Nanyuan. Wollte ein Grundbesitzer dort sein Ackerland veräußern, konnte er nur an Yang verkaufen. Dafür sorgte der mit bewaffneten Schlägern und Schergen. Genauso ging es, wenn jemand dort ein Stück Land kaufen wollte. Am »Oberst Yang« führte kein Weg vorbei. »Wieviel Mu willst Du kaufen? Erste, zweite oder dritte Qualität?« Waren sie sich einig, stellte er eine Bescheinigung aus, daß Herr Soundso in Nanyuan dort und dort, sagen wir, achtzig Mu Ackerland zweiter Qualität gekauft hätte. Wo das Land war, stand in der Bescheinigung nicht. Anschließend pachtete er das Land wieder von dem neuen Besitzer. Die Zinsen bezahlte er immer pünktlich und bis auf den letzten Heller. Wollte der neue Besitzer weiterverkaufen, mußte er sich natürlich wieder an den Oberst wenden. Er wußte ja nicht, wo sein Land lag.

Sein Faible für modernes »Business« mußte der Oberst später büßen. Gleich nach der Befreiung, ich glaube noch 1949, wurde er in Peking an der Himmelsbrücke erschossen, die Strafe für einen »örtlichen Despoten«.

Der beste Tod

Selbstverständlich galt auch bei den Chinesen der natürliche Tod als der vornehmste Tod. Man stand vor dem Richter der Unterwelt, ohne den Körper, den einem die Eltern heil und unversehrt geschenkt hatten, in irgendeiner Weise verletzt oder beschnitten zu haben. Dies entsprach ganz der kindlichen Pietät, wie sie der Konfuzianismus vorschreibt. Außerdem folgte jeder Chinese der buddhistischen Vorstellung, daß er nach seinem Tod gemäß seiner guten und schlechten Taten beurteilt und je nachdem als reicher Mensch oder armes Tier wiedergeboren würde.

Erschießen oder das Aufschneiden der Pulsadern führte zu Verletzungen und Blutungen. Enthaupten galt als die gräßlichste Todesart (von der selten verhängten Todesstrafe des Zerstückelns einmal abgesehen). Stellen Sie sich einmal vor: Mit dem Kopf unter dem Arm vor dem Großen Richter zu erscheinen. Es wäre dasselbe, als wenn ein Europäer in Unterwäsche zu einem Diner gehen würde. Chinesen begingen daher meist Selbstmord durch Erhängen. Häufige Ursache für den Selbstmord von Frauen waren neben Liebeskummer auch die schier unerträglichen Quälereien, mit denen sie ihre Schwiegermütter tagaus, tagein malträtierten.

Eine andere Form des Selbstmordes war das Verschlukken von goldenen Ringen, auch das sich Ertränken in einem Brunnen oder Fluß. Später wurde es Mode, eine Überdosis von Opium oder anderen Rauschgiften zu nehmen.

Badehäuser

Vor der Befreiung gab es vor allem in Shanghai »Badehäuser« mit Mädchen- oder Knabenbedienung. In der Avenue Joffre, der heutigen Huaihailu, wimmelte es nur so von »Turkish Baths«, »Massage« und so weiter. Aber dort ging man natürlich nicht hin, um zu baden.

Die Badehäuser in Peking waren zum größten Teil Männern vorbehalten, es gab aber auch einige getrennt angeordnete Badehäuser für Frauen. Ausländer gingen nicht ins Badehaus.

In den respektablen Badehäusern verbrachte man oft ganze Vormittage, allein oder mit Bekannten oder Geschäftsfreunden.

Wie sah es in einem Badehaus aus? Badewannen gab es zwar auch, aber man zog das mehrere Meter messende große viereckige Bassin vor. Man wurde zuerst in einen großen Saal geführt, wo ein Ruhebett neben dem anderen stand. Man wählte eins aus, zog sich aus und legte sich dann darauf. Ein Diener erschien und deckte den ganzen Körper mit Badetüchern zu. Auf den Tisch neben dem Bett stellte er eine Kanne heißen Tees. Nachdem man sich etwas ausgeruht hatte, ging man zum Bassin, das sich in einem anderen Saal befand. Es waren drei Becken, die mit heißem, warmen und lauwarmen Wasser gefüllt waren. Wenn ich heiß sage, meine ich damit, daß es so heiß war, daß ein Europäer es sein Lebtag nicht gewagt hätte, auch nur seine Hände oder Füße hineinzustecken. In den Becken standen gewöhnlich zwanzig bis dreißig Personen, die sich mit Handtüchern abrieben. Seife durfte nicht benutzt werden, um das Wasser nicht zu verunreinigen. Wenn man sich einseifen wollte, stieg man aus dem Wasser, erledigte es draußen, duschte sich

und stieg dann wieder in das Bassin. Es gab noch eine andere Methode: Ein Diener rubbelte mit einem nassen Frottiertuch so lange den Körper ab, bis sich die abgestorbene Hautschicht vom Körper gelöst hatte.
Die ganze Prozedur dauerte mindestens eine halbe Stunde. Danach legte man sich wieder aufs Bett, um sich auszuruhen und Tee zu trinken, ein Schläfchen zu machen oder sich mit Bekannten zu unterhalten. Dabei konnte man sich Finger- und Fußnägel schneiden lassen oder einen Ohrenputzer oder Masseur herbeirufen. War man zu mehreren, ließ man durch einen Diener aus dem Laden gegenüber kalte Speisen, Wein und Schnaps holen. Anschließend stieg man wieder ins Becken und wiederholte die Prozedur.
Die meisten Kunden waren Stammgäste, die sehr ungern in andere Badehäuser gingen. Das Vergnügen kostete dreißig Fen, das Tageseinkommen eines einfaches Arbeiters.

Restaurants

Es gab Restaurants mit westlichem und solche mit chinesischem Essen. Während man bei den chinesischen Restaurants eine Unzahl von verschiedenen Regionalküchen unterschied, wurde der Begriff »westliches Essen« nicht weiter differenziert. Die heute übliche Unterscheidung in einem billigeren Eßsaal im Erdgeschoß und einen teureren Speisesaal im ersten oder zweiten Stock gab es damals noch nicht. Man konnte aber für ein Bankett ein »Chambre separée« mieten oder, wenn man noch mehr Geld hatte, den Koch eines berühmten Restaurants zu sich nach Hause einladen,

damit er dort ein festliches Menue kreierte. Bei den chinesischen Restaurants unterschied man zwei Arten.
Die einen hießen »Fanguan«, die anderen »Fanzhuang«.
Ein Fanguan konnte ein armseliges Wirtshaus oder ein Luxusrestaurant sein; zu den letzteren gehörte etwa das unter Ausländern berühmte »Dongxinglou«, wo man große Galaessen gab, oder das »Fengzeyuan« außerhalb des Qianmen-Tores, das auch heute noch besteht.
Zu Hochzeiten, Geburtstagen, Trauerzeremonien ging man aber in ein Fanzhuang. Dort gab es die zeremoniellen Requisiten (zu denen auch eine Theaterbühne gehörte), und das Personal kannte sich in den Gebräuchen aus.
In meiner Jugend bis zum Ende der zwanziger Jahre wurde man in den Teehäusern (ich meine die richtigen), den Restaurants und den Cafés nur von Männern bedient. Selbst in den Warenhäusern war das der Fall. Eine Frau sollte ihrem eigenen Mann dienen. Einem fremden Mann zu dienen galt als Prostitution.
Anfang der zwanziger Jahre stellte der »Fünf-Drachen-Pavillon«, ein Teehaus im Beihai-Park, erstmals ein junges Mädchen als Kellnerin ein. Es kam fast zu einem Skandal. Viele waren der Meinung, daß dies eine Herabwürdigung der Frau beziehungsweise einen Verstoß gegen die Sittlichkeit darstelle.
Da es etwas völlig Neues war, wußte man zuerst nicht, was für einen Namen man diesem Mädchen geben sollte. Schließlich einigte man sich auf »Betreuerin«.
Die »Betreuerin« des »Fünf-Drachen-Pavillons« war sehr hübsch und ausgesprochen charmant. Das Geschäft blühte und gedeihte. Andere Cafés und Restaurants folgten nach. Sehr bald erfreuten sich die Betreuerinnen keines besonders guten Rufs mehr. Seriöse Geschäfte

hielten sich fern. »Zu den Betreuerinnen gehen« bekam eine Nebenbedeutung, als handele es sich nur um Animierdamen, was nicht ganz den Tatsachen entsprach. Es waren in der Regel kleine oder mittelgroße Restaurants, die solche Mädchen beschäftigten. Das Essen war zwar recht bescheiden, aber kostspielig. Die »Betreuerin« war natürlich mit einzurechnen. Man ging nicht wegen des Essens hin, sondern um sich bedienen und unterhalten zu lassen. Leider verschwand die Mode nach der japanischen Besetzung. Heute kann man sich nur noch wehmütig daran zurückerinnern. Die jetzigen Kellnerinnen gleichen Erinnyen.

Unglaubliche Geschichten

Peking war immer voll davon. Zum Teil standen sie in der Zeitung, andere hat mir mein Lehrer erzählt, manchmal gingen sie auf die Eigenwerbung allerlei seltsamer Genossen zurück. Wie viele Leute an diese Geschichten glaubten, weiß ich nicht, der westliche Leser wird für sich selber entscheiden, was er davon halten soll.
Eine Zeitung berichtete, daß ein Greis von zweihundert Jahren von Sichuan im Südwesten des Landes zu Fuß nach Peking gelaufen sei. Er habe sein ganzes Leben Schattenboxen betrieben und erfreue sich deswegen immer noch bester Gesundheit. Schattenboxen (Taijiquan) kuriert bekanntlich jedes Leiden. Andere Zeitungen hatten Zweifel an der Beteuerung des Greises. Sie erhielten Gelegenheit zu einem Interview. Dabei stellte sich heraus, daß unser Methusalem genau sagen konnte, wann, wo und wie sich diese oder jene Begebenheit zur Zeit des Qianlong-Kaisers (1736-1795) zugetragen hatte.

Wohl oder übel muße man ihm glauben. Trotzdem gab es noch Skeptiker. Um auch sie zu überzeugen, brachte ihn die Zeitung ins PUMC (Peking Union Medical College). Dort stellten ihm die Ärzte ein Attest aus, daß er mindestens siebzig Jahre alt und noch gut bei Kräften sei. Die übrige Presse fing nun natürlich an, von Betrug zu zetern. Nur die Zeitungen, die für ihn gesprochen hatten, schwiegen auf einmal.

Um die gleiche Zeit brachten die lokalen Zeitungen Sensationsberichte über einen chinesischen Thaumaturgen oder Quacksalber, der nach einer nur ihm bekannten Methode Geschwüre, Krebs oder einfache Furunkel, was auch immer, dem Patienten entfernen und auf einen Baum transplantieren könnte. Der Baum gehe dann anstelle des Patienten an der Krankheit zugrunde, aber was war das schon, gemessen an einem Menschenleben. Leider war er ein Scharlatan, wie sich bald herausstellte. Er hatte einen der Bäume photographieren lassen, auf dem sich das »Geschwür« dann als die Ablage von Gallwespen entlarvte. Für mich war es eine große Enttäuschung. Ich hatte gerade mit meinem chronischen Bronchialkatarrh zu ihm gehen wollen und war neugierig gewesen, den Baum husten zu hören.

In der traditionellen chinesischen Medizin spielt das Pulsfühlen eine wichtige Rolle. Der Arzt fühlte ihn mit je drei Fingern an beiden Handgelenken des Patienten. Manchmal genügte ihm das, um eine abschließende Diagnose zu stellen.

Es heißt, daß früher berühmte Ärzte eine kleine Puppe (aus Holz oder Elfenbein) mit sich führten, wenn sie eine kranke Frau besuchten. Wie konnte auch eine anständige Frau ihre Hand einem anderen als ihrem Ehemann überlassen? Noch schlimmer, wenn sie unverheiratet

war. Das wäre ein unerhörter Verstoß gegen die konfuzianische Moral gewesen.
Der Arzt ließ die Puppe durch ein Dienstmädchen der hinter einem Vorhang liegenden Kranken reichen – er selbst durfte das nicht tun. Nach einer Weile wurde die Puppe dem Arzt wieder zurückgegeben. An ihrem »Puls« konnte er dann eine exakte Diagnose stellen.
Mein chinesischer Lehrer hat mir die Sache erklärt: Das Fluidum der Kranken fließt in die Puppe über und ergreift von ihr Besitz. Jeder hat sein eigenes und besonderes Fluidum, das sich mit jeder Krankheit ändert. »Ihr mit eurer ausländischen Erziehung«, fügte er hinzu, »versteht nichts von solchen Dingen.«
Es ist eine alte chinesische Sitte, sich in der Heimat der Ahnen begraben zu lassen. In flachen, ebenen Gebieten ist dieses Problem leicht zu lösen. Man läßt den Sarg auf einen Karren verladen und in die Heimat bringen. In den gebirgigen Gegenden des Südwestens ist es schon schwieriger. Der einfache Kaufmann oder Handwerker konnte sich den Transport nicht leisten. Er mußte jemanden finden, der nach seinem Tod seine Leiche wandern lassen konnte. Mein Freund Wang erzählte mir, wie es zuging: »Wir waren in einem Ort im Gebirge. Plötzlich hieß es, daß eine Leiche zu uns ins Dorf kommen würde. Wir warteten neugierig. Dann sahen wir es mit eigenen Augen. Vorne ging der Magier, Gebete murmelnd. Dicht hinter ihm bewegte sich die Leiche in gleichem Schritt und Tritt. Jede Bewegung des Magiers ahmte die Leiche nach. Machte er einen Schritt, tat ihm die Leiche es nach. Im Gasthof angekommen, stellte man ein großes Brett auf. Der Magier murmelte wieder ein Gebet, und die Leiche fiel auf das Brett. Dann wurde sie in eine Scheune gebracht. Am nächsten Morgen wurde das Brett mit der

Leiche aufrecht in den Hof gestellt. Der Magier murmelte aufs neue ein Gebet, und die Leiche ging mit ihm auf die Landstraße. So ging es weiter, bis Leiche und Magier in der Heimat der Ahnen angekommen waren, wo die Leiche begraben wurde.«
Ich blieb nach wie vor skeptisch. Später habe ich verschiedene Chinesen aus dem Süden danach gefragt. Alles, was sie mir sagen konnten, war, daß der Ausdruck »eine Leiche wandern lassen« in vielen Büchern erwähnt wird.

Weinen auf Bestellung

Man weint aus Kummer, manchmal aus Freude. Aber kann man auf Bestellung weinen? Warum nicht.
Ich war bei verschiedenen Begräbnisfeiern zugegen, kleinen und großen. Nach den Ritualen vor dem Sarg – Weihrauchverbrennen, Ketou-Verbeugung, Trauerreden – wurde der Sarg hinausgetragen. Kniend bildeten auf beiden Seiten des Weges die Verwandten und Freunde (die nachfolgende Generation) Spalier. Plötzlich befahl der Zeremonienmeister: »Weinen.« Alle fingen an, laut zu weinen und zu jammern. War der Sarg vorübergetragen, hörte das Weinen und Heulen sofort wieder auf. Man stand auf, setzte das unterbrochene Gespräch wieder fort; manche zündeten sich auch eine Zigarette an. Ich habe immer die Selbstkontrolle der Chinesen sehr bewundert. Ich möchte nur wissen, ob sie auch auf Bestellung lachen könnten.

Schwindelaffäre in einem Seidenladen

»Ruifuxiang« ist und war wohl der größte und bekannteste Stoff- und Seidenladen Pekings.
Zu meiner Zeit wurde den Kunden – es waren meistens Stammkunden – Tee und Zigaretten serviert. Ein älterer Verkäufer und drei oder vier Lehrlinge umringten den Käufer, und man unterhielt sich über das Wetter, über die Qualität der Stoffe, den Farbeffekt usw. Verglichen mit dem heutigen »Dienst am Kunden« war das ein himmelweiter Unterschied. Bezahlt wurde nur ausnahmsweise bar. Auch das Gekaufte nahm man selten gleich mit; das wurde später durch einen Lehrjungen direkt ins Haus gebracht.
Einmal erzählte mir der alte Verkäufer aus dem Ruifuxiang von einer Schwindelaffäre, die sich in den alten Zeiten bei ihnen zugetragen hatte: »Die paar alten Leute, die an der Tür sitzen und weiter nichts tun als rauchen und Tee trinken, die sind nicht umsonst da. Sie haben scharfe Augen und erkennen ganz genau, besser als ein Detektiv, was für eine Person gerade eintritt. Wir waren früher unachtsam und haben dafür auch schwer bezahlt.« Er erzählte mir, daß einmal ein Maultierwagen vorfuhr. Eine ältere Dame stieg aus und sagte, daß das Fräulein im Wagen Stoffe für ihre Hochzeit kaufen wollte. Ich brauche wohl nicht zu erwähnen, daß sich damals ein »gnädiges Fräulein« nicht zeigen durfte. Alles lief über die Begleiterin. Das Fräulein wählte eine Reihe von Seidenstoffen aus und ließ sie in Banknoten bar bezahlen. Plötzlich überfiel sie eine Laune; sie ließ durch ihre Gesellschafterin sagen, daß sie nun alles wieder rückgängig machen wolle. Natürlich kann man schon geschnittene Stoffe nicht zurückgeben. Die Begleiterin

versicherte, daß sie alles einrenken werde; das Fräulein sei ein verwöhntes Kind. Sie sagte dem Verkäufer: »Geben Sie mir das Geld, ich werde sie schon überreden.« Man gab ihr die Banknoten, und sie sagte zu ihrer Herrin: »Mein liebes Fräulein. Regen Sie sich nicht auf. Man hat uns das Geld zurückgegeben. Aber bedenken Sie. Wir sind aus einem vornehmen Haus; bei uns spielt Geld keine große Rolle, aber wir haben es hier mit Kaufleuten zu tun, die mit jedem Pfennig rechnen müssen. Es sind ›kleine Leute‹, wir können sie nicht so behandeln.«
Mit diesen Worten überredete sie ihre Herrin. Das Geld wurde dem Kassierer zurückgegeben, und der Wagen fuhr ab. Als der Kassierer die Noten nachzählen wollte, fand er zu seinem Entsetzen, daß das Bündel aus zerschnittenen Zeitungen mit einer einzigen daraufliegenden Banknote bestand.

Wang, der Halbheilige

In den dreißiger Jahren wohnte ein Chinese mit dem Beinamen »Wang, der Halbheilige« in einem Tempel im nordwestlichen Stadtteil Pekings. Es war damals nichts Besonderes, in einem Tempel zu wohnen, konnte doch jeder Reisende dort gegen ein geringes Entgelt eine Unterkunft finden. Seinen Beinamen hatte er bekommen, weil er behauptete, übernatürliche Kräfte zu besitzen. Seine Bekanntschaft habe ich leider nicht gemacht, aber viel von ihm gehört. Er stammt ursprünglich aus der Provinz Gansu und ist 1912 im Gefolge eines hohen Beamten nach Peking gekommen. Dies ist sicher, denn der Sohn dieses Beamten hat es hinterher bestätigt. Was

weiter folgt, ist jedoch nur Hörensagen. Allerlei Wundersames hat man sich von ihm erzählt, zum Beispiel: Wenn jemand an seiner Tür klopfte, sagte er, bevor er die Tür aufmachte: »Sie sind Herr X,« oder »Herr X, es ist sehr nett, daß Sie heute gekommen sind.« Jedesmal trafen seine Vermutungen zu.
Seine Gäste pflegte er auf unnachahmliche Weise zu bewirten. Erst stellte er Teller, Eßstäbchen, Gläser usw. auf einen leeren Tisch; dann fragte er seine Gäste, was sie gern speisen wollten: gebratenen Fisch? Hammelfleisch mit Sauce? Haifischflossen in Gelatine? Die Gäste brauchten nur ihre Lieblingsgerichte zu nennen, schon öffnete der Halbheilige seine Schublade: Da war das gewünschte Gericht!
Ein paar Freunde wollten ihn einmal in die Westberge einladen. Sie kamen mit einem Auto, um ihn abzuholen. Er sagte ihnen: »Fahren Sie mit dem Wagen, ich gehe zu Fuß.« Als seine Freunde am Fuß der Westberge ankamen – es sind mindestens zwanzig Kilometer –, erwartete sie unser Halbheiliger bereits auf einer Steinbank. Ich dachte, daß meine Informanten zuviel getrunken hätten, aber einer von ihnen versicherte mir, daß er Augenzeuge dieser unglaublichen Begebenheiten gewesen sei. Wenn in Lourdes Wunder geschehen, warum nicht auch in Peking?

Der Säufer

Der Maler und Kalligraph Qing Boru war eine erstaunliche Figur von Alt-Peking. Ich habe seine Bekanntschaft in den vierziger Jahren gemacht. Nie habe ich ihn nüchtern angetroffen. Aus einem roten Gesicht blickten einen

die stets verquollenen Augen liebevoll an. Seine geistreichen Witze, seine humorvollen Erzählungen waren für mich immer ein Vergnügen. Er stammte aus einer reichen Mandschufamilie, lebte nur von seinen Kalligraphien und Bildern, die ihm nicht sehr viel einbrachten. Er hatte keine Familie und aß mittags und abends regelmäßig in dem berühmten Restaurant Shaguozhu.
Nach und nach hatte er das Vermögen, das ihm seine Eltern hinterlassen hatten, verpulvert. Eines Tages kam der Besitzer des Lokals zu ihm an den Tisch und sagte: »Herr Qing, ich habe bis jetzt recht viel an Ihnen verdient. Ich kenne auch Ihre derzeitige finanzielle Lage. Von heute an werden Sie bei uns unentgeltlich bewirtet.« Ein komischer Wirt, der nicht an seinen Vorteil denkt, nicht wahr?
Obgleich Qing Boru hochgebildet war, beherrschte er keine Fremdsprache. Das berühmte persische Epos Rubáiát, wie es Omar Khayyám im 11. Jahrhundert verfaßt hatte, hat er bestimmt nicht gelesen, aber er pflegte wie der alte Zeltmacher zu sagen: »Trinkt solange ihr lebt; wer weiß, ob es im Jenseits Kneipen gibt!«
Sein Ende stand auch im Einklang mit seiner Weltanschauung. In einer bitterkalten Winternacht fiel er besoffen auf seinen Ofen und kam in den Flammen zu Tode. Requiscat in pace, Qing Boru.

Der Krumme Neunte

In der chinesischen Fingersprache wird die Zahl neun durch einen gekrümmten Zeigefinger ausgedrückt.
Einer meiner Freunde war der neunte Sohn einer großen Familie, daher wurde er von uns immer der »Krumme

Neunte« genannt. Anfang der dreißiger Jahre wohnte er in Tianjin, nicht weit von Peking, und praktizierte dort als Arzt der traditionellen chinesischen Medizin. Eines Tages bekam er den Einfall, seine Heimatstadt Xincheng zu besuchen. Er ging einfach auf die Straße und rief eine Rikscha. Als der Kuli ihn nach dem Bestimmungsort fragte, sagte er: »Nach Xincheng.« »Wo liegt das?« »Ungefähr fünf bis sechs Tage von hier entfernt.« Dann machte er dem verdutzten Rikschakuli den Vorschlag, er solle ihn bis dorthin ziehen, er würde ihm jeden Tag einen Silberdollar geben, und sie würden im selben Gasthof übernachten und zusammen essen. Die Kosten würde er tragen. »Und wie komme ich wieder nach Tianjin?« Die Antwort war: »Wir fahren zusammen zurück.« Der Krumme Neunte erzählte mir: »Sie können sich nicht vorstellen, wie erstaunt der Kuli war. Er hatte Sinn für Humor, und ein Dollar pro Tag ist auch nicht zu verachten. Er stimmte zu, und in sechs Tagen kamen wir an. Für die Rückfahrt brauchten wir einen Tag länger.«

Ein anderes Erlebnis mit dem Krummen Neunten habe ich im Frühling 1935 gehabt. Er hielt sich gerade in Peking auf. Als ich ihn besuchte, war er dabei, Pillen für eine Kranke, die unter Menstruationsbeschwerden litt, zuzubereiten. Chinesische Pillen werden gewöhnlich mit Honig und den dazugehörigen Heilsubstanzen hergestellt. Ich sah zu, wie er die Honigarznei mit den Händen mischte und dabei immer wieder seine Finger ableckte, so daß die Mischung immer weniger wurde. Als ich ihm meine Sorge darüber äußerte, daß Arzneien für Frauenkrankheiten einem Mann vielleicht schädlich sein könnten, erwiderte er einfach: »Quatsch, Honig bleibt Honig, und der ist süß«, und verschlang den Rest seiner Mischung.

Der mongolische Bettler

Ich war noch ein Schuljunge. Da gab es in Peking einen Bettler, der tatsächlich mongolischen Ursprungs war. Seinen Namen haben wir nie in Erfahrung gebracht, wir wußten nicht, wo er wohnte. Man nannte ihn einfach den mongolischen Bettler. Er besaß eine einzigartige Betteltechnik, die die anderen Bettler nie nachahmten. Jeden Frühling, wenn die Kirschen reif wurden, kam er zu reichen Familien, bei denen er sicher war, daß er Glück haben würde. Als »Geschenk« überreichte er ein Körbchen Kirschen, das nicht mehr als zehn Fen wert war. Man war anstandshalber gezwungen, ihm ein oder zwei Silberdollar zu geben, wenn nicht mehr. Merkwürdigerweise hatte er sich auf Kirschen spezialisiert. Zur Erntezeit der anderen Früchte erschien er nie. Hatte er in der Kirschsaison so viel verdient, daß er mit dem Geld das ganze Jahr auskommen konnte?

Li, der Verrückte

Ich traf oft in einer Kneipe einen älteren Mann, der sehr wahrscheinlich aus einer verarmten Familie stammte. Man merkte seinen Manieren an, daß seine Eltern ziemlich wohlhabend gewesen sein mußten, daß er früher Playboy gewesen war und bessere Tage gekannt hatte, obwohl er damals immer noch recht gut angezogen war. Er kam regelmäßig in die Kneipe, trank ein bißchen zu viel, unterhielt sich aber mit den anderen Kunden kaum. Ich freundete mich bald mit ihm an, obgleich ich nie nach seinem Namen oder nach seinem Beruf gefragt habe; er nach meinem übrigens auch nicht.

Eines Tages fragte ich ihn schließlich, wieviel er verdiene – das ist in China keine indiskrete Frage –, wo er arbeitete, und so weiter. Er antwortete: »Etwas über hundert Yuan. Ich arbeite in einer Schule, die ziemlich weit von hier entfernt ist.« »Wo ist Ihre Frau beschäftigt? Wie viele Kinder haben Sie?« Seine Antwort war recht merkwürdig: »Sie wissen doch, daß Hähne keine Eier legen; ich bin Junggeselle, habe nur eine alte Mutter.« Hundert Yuan ist in China ein recht gutes Gehalt, darum fragte ich ihn, wieviel er monatlich sparen könne. »Warum sparen?« lautete die Gegenfrage, »Geld ist zum Ausgeben da. Ich gebe alles aus, was ich verdiene. Geld macht einen eher unglücklich als glücklich. Wenn Sie wollen, kann ich Ihnen eine wahre Geschichte erzählen, die dies beweist.« Ich hatte Zeit, und er begann:

»In den dreißiger Jahren hockte ein armseliger Bettler, den alle Leute den ›Verrückten Li‹ nannten, vor dem Tor des Lama-Tempels und erbettelte täglich seine zehn oder zwanzig Fen. Er tat mir leid und – ich weiß nicht, warum – eines Tages kam ich mit ihm ins Gespräch. Er sagte mir: ›Weißt du eigentlich, daß ich glücklich bin? Du wirst es nicht glauben, aber es ist so. Als junger Kaufmannslehrling habe ich die Große Mauer überquert. Nach vielen Jahren bin ich als reicher Kaufmann nach Peking zurückgekehrt. Meine Familie war arm, aber es herrschte Eintracht. Meine Verwandten und Bekannten hatten gehofft, daß ich eine große Karriere machen würde. Ich zweifelte auch nicht daran, daß ich sie durch mein neu gewonnenes Vermögen glücklich machen könnte. Aber seit meiner Rückkehr begann der Haussegen schief zu hängen. Jeder verfeindete sich mit jedem, immerfort wurde gestritten, nie fand ich auch nur einen Augenblick der Ruhe und des Friedens.‹«

Mein Freund unterbrach seine Erzählung und sagte: »Sehen Sie, was Geld verursachen kann. Wäre er wie vorher als armer Mann zurückgekommen, hätten er und seine Familie weiterhin in Eintracht gelebt.« Dann fuhr er fort: »Um wieder seinen Frieden zu finden und seinem Unglück ein Ende zu machen, kam der sogenannte Verrückte Li auf eine geniale Idee. Er spendierte seinen Verwandten und Freunden ein üppiges Essen in einem berühmten Restaurant. Im Hof befand sich ein Kupferbecken, in das er sein gesamtes Vermögen in Banknoten füllte. Seinen Gästen erklärte er, daß seines Erachtens die einzige Ursache der Familienzwietracht sein Vermögen sei; jetzt werde er diese Ursache beseitigen. Mit diesen Worten zündete er die Banknoten an, verließ das noble Restaurant und begann sein Leben als Bettler.

Seitdem gab es keinen Streit mehr unter den Verwandten, es herrschte wieder die frühere Eintracht, und unser Verrückter erbettelte sich in aller Ruhe sein tägliches Brot. Er ist wieder glücklich geworden.«

Mein Freund sah mich fragend an. Was konnte ich ihm erwidern? Ich sagte: »Vielleicht war der Verrückte Li gar nicht so verrückt. Vielleicht war er ein Weiser.«

Ein akademisch gebildeter Wahrsager

Gibt es vielleicht eine Hochschule, an der Wahrsagerei gelehrt wird? Nein, das nicht – und trotzdem kannte ich wirklich einen akademisch gebildeten Wahrsager. Sein Name war Peng Hanfeng. In seiner Jugend hatte er eine Missionarsschule besucht, dann in Kanada studiert. Lange Zeit war er bei der Canadian Pacific Railways als Ingenieur angestellt. Peng erzählte mir, daß er kurz nach dem Ersten Weltkrieg in Paris und London gewesen sei. Ein jeder würde nun vermuten, daß er nach seiner Rückkehr nach China eine Stellung bei der chinesischen Eisenbahn oder im Ministerium für Transportwesen eine Stellung angetreten hätte. Er aber wählte die Karriere eines Wahrsagers. Zwar bot ihm der Finanzminister der Guomindang[1]-Regierung, Kong Xiangxi, eine gute Stellung an, er aber blieb bei der Wahrsagerei.

Peng bewohnte mit seinen beiden Frauen ein luxuriöses Haus. Reiche Kaufleute, hohe Beamte und Generäle verkehrten bei ihm und ließen sich von ihm aus der Hand lesen und das Horoskop stellen. Herr Peng bewirtete sie sehr großzügig. Für seine Horoskope verlangte er nichts, nur, daß man ihm zum Chinesisch Neujahr sowie zum Drachenboot- und Mondfest beachtliche Geschenke und natürlich auch Schecks überreichte.

Ich habe ihn in seiner Glanzzeit nicht mehr gekannt. Viel später, als es ihm finanziell nicht gerade gut ging, war ich ein paar Mal bei ihm. Dabei hat er aus meinen Gesichtszügen meine Zukunft prophezeit: – daß ich nacheinander zwei Ehefrauen haben werde. – Bis heute habe ich nur eine, und es hat nicht den Anschein, daß eine weitere hinzukommt, – daß es mir lange Zeit finanziell und auch in anderer Hinsicht nicht gut gehen werde; das hat er richtig prophezeit, – daß ich einen glücklichen Lebensabend haben würde. Auch darin hat er recht gehabt. Mit der Zeit habe ich mich mit meiner bescheidenen Existenz abgefunden.

1. Guomindang (Kuomintang), etwa »Nationale Volkspartei«, wurde 1921 von Dr. Sun Yat-sen gegründet. Zwischen 1928 und 1949 kontrollierte sie die chinesische Zentralregierung. Nach der Niederlage im Bürgerkrieg gegen die Kommunisten wurde die GMD unter Chiang Kai-shek Regierungspartei auf Taiwan.

Studienjahre und erste Anstellung

IM JANUAR 1931 brachte mich meine ältere Schwester nach Shanghai. Sie trat von dort ihre Seereise nach Frankreich an. Ich blieb zurück, um die Aurora-Universität zu besuchen, die von französischen Jesuiten geleitet wurde. Wie die Wahl auf Shanghai fiel? Meine Schwester wollte, daß ich mein Französisch vertiefe, da ich als Kind ja schon die Sprache ein wenig gelernt hatte. Und an einer chinesischen Universität hätte ich wegen meiner unvollkommenen Chinesischkenntnisse wohl kaum die Aufnahmeprüfung bestanden.

Die Lehrer an der Aurora-Universität waren alle Franzosen und hielten ihren Unterricht in französischer Sprache ab. Religion war kein Pflichtfach, aber die Studenten wurden in Christen und »Heiden« unterteilt. Ich zählte zu den »Heiden« – und bin auch trotz meines Aufenthaltes bei den Jesuiten ein »Heide« geblieben.

Ich wurde ohne Prüfung an der Universität aufgenommen, es wurden mir überhaupt viele Vorteile eingeräumt. Ich habe Jura im ersten und zweiten Jahr belegt und noch das Bakkalaureat gemacht. Als die Patres hörten, daß ich ein bißchen Latein konnte, haben sie mir Abendstunden in Latein gegeben. Wir lasen Vergil. Die Jesuiten nahmen mich mit zu ihrem Landhaus, ich durfte in das Observatorium, und in ihrer Bibliothek hatte ich freien Zutritt, lauter Vergünstigungen, die die anderen Studenten nicht hatten. Ich glaube, sie haben mich darum so gut aufgenommen, weil sie hofften, mich bekehren zu können.

Es war ein großer Sprung von Hirschberg nach Shanghai. Aber in Shanghai bin ich kaum aus der Uni herausgekommen. Die

Patres waren sehr streng. Abends um neun wurden die Tore geschlossen und die Hunde herausgelassen, da kam keiner raus und keiner rein. Man konnte natürlich in den Gebäuden umhergehen und die Studienkollegen besuchen, aber hinaus kam man nicht.

Ich kann nicht gerade behaupten, daß ich gerne dort war, aber das Leben war dennoch ganz angenehm. Ich hatte viel Umgang mit den chinesischen Studenten und mit den Lehrern, nur das Leben von Shanghai, besonders das Nachtleben, habe ich nicht genießen können. Damals war ich noch ganz unschuldig.

Wie lange war ich da? Zwei Jahre – ja, bis 1935. Dann ging ich nach Peking zurück und wohnte wieder in meinem Elternhaus. Leider konnte ich bis 1938 keine Stellung finden. Ich habe in dieser Zeit nichts gemacht – dolce far niente. Meine Familie war damals recht wohlhabend, ich bekam genug Taschengeld, um mich in Peking in harmloser Weise zu amüsieren. Mein kleiner Bruder war noch zu Hause, der besuchte die Französische Schule, meine Schwester war ja schon in Frankreich. Meine Mutter war auch hier in Peking, mit meiner alten Amme, einem Diener und einem Rikschakuli. Wir führten noch ein bequemes Leben.

Ich ging damals oft in die Pekinger Bibliothek und habe da die alten Bücher studiert – ich hatte ja Zeit. Mein Hauptanliegen war natürlich, eine Stellung zu suchen, was sich als sehr schwer erwies. Ich hätte bei einer ausländischen Firma oder bei einer chinesischen Bank anfangen können, aber es war so, daß die zu wenig bezahlten. In den chinesischen Firmen mußte man zudem erst eine lange Zeit als Lehrling arbeiten. Ich hatte kaum gute Freunde, ein paar Verwandte, mongolische Prinzenfamilien, die ich ab und zu besuchte. Sonst war ich das, was die Engländer einen »lonesome wolf« nennen, und habe mich in der Stadt amüsiert. Mit Chinesen war ich kaum zusammen, und politisch war ich neutral, besser gesagt: uninteressiert.

Peking war das kulturelle Zentrum von ganz China, die meisten Universitäten waren in Peking, die Gesandtschaften; alle Touristen, die nach China kamen, mußten über Peking. Peking war eine lebhafte Stadt, obgleich es damals nur eine Million Einwohner hatte. Das eigentliche Peking nannte man die sogenannte Tatarenstadt, den Stadtteil, der um den Kaiserplatz herum innerhalb der Stadtmauern lag. Dort befanden sich vor allem die Wohnhäuser der Beamten, natürlich auch Läden. Das Handelszentrum lag außerhalb der Mauern, vor dem Qianmen-Tor, in der sogenannten »Chinesen-Stadt« – das ist natürlich eine europäische Bezeichnung. Die Chinesen sagten »Innenstadt« und »Außenstadt«.

Zu meiner Zeit konnte man schon den Kaiserpalast besichtigen. Soweit ich mich erinnern kann, wurde der Kaiserpalast Mitte der zwanziger Jahre als Museum eröffnet. Den Sommerpalast konnte man schon viel früher besichtigen, aber es war schwer mit den Verbindungen zwischen Peking und dem Sommerpalast, es war ziemlich weit, zehn Kilometer mindestens, da konnte also nicht jeder hingehen.

Heute ist Peking so gewachsen, daß das fast alles eins geworden ist. Damals standen ja noch die Stadtmauer und die Tore. Die Stadtmauer stammt noch aus der Zeit der Ming-Dynastie. Die sogenannte Tatarenstadt hatte neun Tore, während die Chinesenstadt, die Außenstadt, sieben Tore hatte. Der Abriß der Mauer begann ungefähr Ende der fünfziger Jahre, ein paar Stadttore ließ man stehen.

Das Gesandtschaftsviertel lag im südlichen Teil der Innenstadt, es war ummauert und hatte ein Glacis, eine Befestigung. Es besaß eine eigene Verwaltung und eine eigene Polizei. Chinesen durften im Gesandtschaftsviertel ein und aus gehen, sie durften dort jedoch keine Grundstücke erwerben und auch nicht dort leben.

Autos gab es in den dreißiger Jahren erstaunlich viele, darüber hinaus eine Buslinie, die nicht funktionierte, und außerdem war 1928 als französisch-chinesische Koproduktion eine Straßenbahn gebaut worden. Die fuhr noch bis nach der Befreiung. Die O-Busse, die Sie jetzt sehen, das sind – sagen wir – die Nachkommen dieser Straßenbahn. Sie fahren mit einer Oberleitung ungefähr dieselbe Route wie damals. Die Straßenbahn erfreute sich keiner großen Beliebtheit, sie war immer voller Menschen, schmutzig, langsam, und quietschte unerträglich laut. Peking war – wie gesagt – voll des Lebens. Es gab Theater, die Peking-Oper, Kinos. Da wurden allerdings meistens amerikanische Importfilme gezeigt, chinesische Filme bekam man nur selten zu sehen. Ich erinnere mich noch an den Auftritt eines amerikanischen Tanz-Ensembles und an das Gastspiel einer italienischen Oper. Ich habe »Rigoletto« und »Lucia di Lammaermoor« gehört.

1938 lernte ich durch einen Zufall den Leiter des Deutschen Nachrichtenbüros (DNB) kennen, einen gewissen Dr. Müller. Er hatte die Absicht, eine Karte von der Inneren Mongolei zu erstellen. Ich bin zu ihm gegangen, um ihm zu helfen, diese Karte zu zeichnen, um Material zu sammeln — nicht etwa als Journalist. Die Karte ist dann auch fertiggestellt und gedruckt worden. Leider kam dann der Krieg, und wir konnten sie nicht mehr nach Deutschland schicken. Und da ich anschließend nichts mehr zu tun hatte, bat mich Dr. Müller, als Journalist für das DNB zu arbeiten. Meine Arbeit bestand darin, in der Nacht die Nachrichten aus Deutschland mit einem ganz modernen Gerät, einem »Hellschreiber«, zu empfangen. Ich mußte die deutschen Nachrichten ins Englische übersetzen, abtippen und abziehen, damit sie an andere Zeitungen und Agenturen weitergegeben und abgedruckt werden konnten. Das war reine Nazipropaganda, ich habe nicht dran geglaubt – Propagandazeug. Das DNB hat natürlich auch umgekehrt in Peking Nachrichten gesammelt und nach Deutschland geschickt.

Ich wurde ziemlich gut bezahlt. Zu Beginn bekam ich hundert Yuan; als ich das DNB verließ, betrug mein Gehalt schon vierhundertfünzig Yuan, aber bei der Preisinflation war es bedeutend weniger wert als am Anfang.
Sehr oft kamen auch deutsche Journalisten und Nichtjournalisten zu uns, die sich Peking ansehen wollten. Da wurde ich gebeten, den Leuten die Stadt zu zeigen, vor allem das Leben außerhalb der Stadtmauern, in der »Chinesenstadt«. Ich habe das sehr gerne gemacht und dabei viele Deutsche kennengelernt.
In der Agentur gab es neben Dr. Müller noch zwei bis drei Angestellte und einen chinesischen Sekretär. Dr. Müller war kein Nazi, er war sogar ziemlich liberal. Dagegen wurde 1940 ein Neuer aus den Vereinigten Staaten zu uns versetzt – den Namen habe ich vergessen –, ein wirklich hundertprozentiger Nazi.
Meine Schwester hatte inzwischen einen Franzosen geheiratet, der sich nach 1940 in London De Gaulle anschloß. Von diesem Zeitpunkt an hat mich der neue Vizechef mit ganz anderen Augen gesehen. Nach vier Jahren DNB mußte ich um Beurlaubung bitten. Woher er die Sache mit meiner Schwester wußte? Na, vom deutschen Geheimdienst natürlich!

Bestechung, Schnaps und leichte Mädchen

Geld und Banken

Die ursprüngliche Währungseinheit in China war das Tael, ein kleiner Klumpen, eine Unze Feinsilber. Fünfzig von diesen Klümpchen wurden zu einem großen, schuhförmigen Silberklotz zusammengeschmolzen, den die Chinesen Yuanbao nannten, die Ausländer »Seecy«. Das Silber hatte keinen Stempel; man wog es, um das Gewicht festzustellen. An der Farbe erkannten die Geldwechsler dessen Feinheit.

Gegen Ende der Kaiserzeit gab das Schatzamt geprägte Silberdollars oder Yuan heraus, deren Wert auf 0,72 Silberunze festgelegt war. Das waren die berühmten mexikanischen Dollars, abgekürzt Dollar mex. Wie es zu dieser Bezeichnung kam, weiß ich nicht. Die einen sagen, daß bei der Einführung dieser Währung der mexikanische Peso als Vorbild diente, die anderen, daß das Silber dieser Münzen aus Mexiko importiert sei.

Die Münzen hatten einen Durchmesser von 39 mm und eine Dicke von 3 mm. In der Kaiserzeit prangte auf der Vorderseite ein Drache, auf der Rückseite die vier chinesischen Schriftzeichen: »Silberyuan der Guangxu-Epoche«. In der Republik war auf der Vorderseite der Kopf des ersten Präsidenten Yuan Shikai, später der von Dr. Sun Yat-sen abgebildet, auf der Rückseite standen die zwei Schriftzeichen für »Ein Yuan«.

Daneben waren kleine Silbermünzen zu 0,50, 0,20 und

0,10 Dollar im Umlauf. Unter 0,10 gab es nur noch Kupfermünzen aus der Kaiserzeit, die gegenüber dem Silberdollar keinen festen Kurs hatten. Zu meiner Zeit konnte man einen Dollar gegen 400–480 Kupfermünzen, auch »Cash« genannt, wechseln.

Der Name Dollar mex. wurde nur von den Ausländern benutzt. Offiziell hieß er »Yuan«, dieser Name ist noch heute für die Währungseinheit Chinas gültig.

Im gewöhnlichen Leben benutzen die Chinesen untereinander die einfache Bezeichnung »Yuan«, im Verkehr mit Ausländern den Ausdruck »Dollar«. Das Nebeneinander von chinesischen und amerikanischen Dollar führte oft zu Mißverständnissen und kleinen Gaunereien. Der Wechselkurs zum amerikanischen Dollar, den man Gold-Dollar oder US-Dollar nannte, wurde nach der Einführung des Fabi durch die Nanjing-Regierung[1] 1935 zu 1 US-Dollar = 3,5 Fabi festgesetzt. Der Fabi (»gesetzliche Währung«) war nicht in Silber oder Gold konvertierbar und nichts anderes als eine administrative Bezeichnung des chinesischen Yuan. Man sagte ein oder fünf Yuan und meinte ein oder fünf Yuan Fabi.

Es kamen damals viele amerikanische Touristen nach Peking, die meisten, um sich dort Curiosa, Kalligraphien und Gemälde zu kaufen. Der Manager der Asiatic Petroleum Company in Peking, Hardy Jowett, erzählte mir einmal von einer geschäftlichen Transaktion, die sich in der Lobby des Peking-Hotels zwischen einem Amerika

1. Im Juni 1928 nahmen die Truppen Chiang Kai-sheks Peking ein, die Guomindang konnte somit die Macht in ganz China übernehmen. Im Oktober 1928 verlegte die neue Nationalregierung ihren Sitz nach Nanjing (=»südliche Hauptstadt«), Peking (Beijing =»nördliche Hauptstadt«) wurde in Peiping (Beiping =»nördlicher Friede«) umbenannt.

ner und einem chinesischen Curiosa-Händler zugetragen hatte. Auf die Frage nach dem Preis eines Bildes antwortete der Händler: »50 Dollar your money«. »Schlau war der Fuchs«, sagte Jowett, »wenn der Amerikaner in die Falle ging und mehr als das Dreifache in US-Dollar zahlte, würde der Händler die Summe einfach einstekken. Wäre er bei seinem Betrug ertappt worden, hätte er immer noch sagen können: ›Sie kaufen doch das Bild mit Ihrem Geld, nicht mit meinem.‹«

Ein Freund meiner Schwester stand einmal in einem Laden neben einer jungen Ausländerin, die sich Luxuswäsche kaufte. Er sah, wie sie aus Unwissenheit anstelle von Dollar mex. mit amerikanischen Gold-Dollar zahlen wollte, beugte sich zu ihr hinüber und sagte: »Gnädige Frau, dieser Verkäufer betrügt Sie in unverschämter Weise.« Die Dame antwortete ihm: »Mein Hotelwirt hat mich vor Leuten wie Ihnen schon gewarnt.«

Das Zollwesen hatte seine eigene Währung, das »Haiguan-Zoll-Tael«. Der Wechelkurs lag ungefähr bei eins zu 1,20 Dollar mex. Die Bücher der großen Firmen wurden nur in dieser Zollwährung geführt, ebenso die Privat-und Gehaltskonten der Europäer. Im Winter 1935 wurde ich in Tianjin von dem deutschen Arzt Dr. Grimm operiert. Er verlangte als Honorar einhundert Tael. Geldscheine mit der Aufschrift »Customs Units« waren erst nach dem Zweiten Weltkrieg in Peking in Umlauf.

Ganz früher hatten die Chinesen keine Banknoten im westlichen Sinne, d. h. gedruckte Geldscheine. Anfänglich wurden sie sogar von Kaufhäusern in Umlauf gebracht. »Gut für soundsoviel Unzen Silber« stand auf ihnen, darunter Name und Stempel des Geschäfts. Sie wurden von Privatleuten und anderen Kaufhäusern angenommen und selbstverständlich »honoriert«.

Ich habe das nicht mehr erlebt. Zu meiner Zeit gaben die damaligen Regierungsbanken, die »Bank of China« und die »Bank of Communication« Noten im Wert von fünf, zehn und hundert Dollar aus. Die ausländischen Banken wollten da auch nicht nachstehen. Es gab Noten der japanischen »Yokohama Species Bank«, der britischen »Hong Kong and Shanghai Banking Corporation«, der amerikanischen »International Banking Corporation«, der französischen »Banque de l'Indo-Chine« und »Banque Franco-Chinoise de l'Industrie«, der »Deutsch-Asiatischen Bank«, und so weiter. Alle Banknoten lauteten auf Yuan und nicht etwa auf die Heimatwährung. Mit der Einführung des Fabi durch die Guomindang-Regierung erlosch das Ausgaberecht dieser Banken.

Papiergeld ist sehr bequem. Stellen Sie sich nur vor: Sie haben eine neue Freundin. Sie will sich Kleider, Schuhe, Schmuck usw. kaufen und verlangt von Ihnen 200 Yuan, was Sie ihr nicht verweigern können. Das wären 200 x 50 Gramm (ein Silberdollar wog mehr als 40 gr.). Sie hätten also zehn kg Silberdollar zu Ihrer Freundin schleppen müssen.

Bequem war es wohl, aber es gab auch Risiken. Kleine Privatbanken imitierten die großen und gaben Banknoten ohne oder mit nur geringer Deckung aus. Wenn die Bank in Konkurs ging, stand man da mit seinem Bündel wertloser Scheine.

Wie ich oben erwähnt habe, gab es in den von den Warlords beherrschten Provinzen Provinzialbanknoten. In der Mandschurei vor der japanischen Okkupation 1931 war es der »Fengpiao«, der schon 1930 70:1 zum Silberdollar stand. In anderen Provinzen sah es ähnlich aus. Die Warlords mußten ihr Papiergeld entwerten, um ihre Kriege finanzieren zu können.

Und wer druckte alle diese Banknoten? In der Südstadt gab es eine Druckerei, die noch aus der Kaiserzeit stammte und wohl nicht mehr leistungsfähig genug war – nach Meinung der Ausländer. Einer von ihnen war ein gewisser Mr. Payne, Vertreter der American Banknote Company, der mir in meiner Kindheit immer gutmütig über den Kopf strich. Später hat die Guomindang auch bei Waterloo & Co. in London drucken lassen. Wieviel diese Firmen daran verdient haben, wird für immer ein Geheimnis bleiben.

Daß eine Flugreise billiger sein konnte als ein Einschreibebrief, war eine Folge der oft willkürlichen Umrechnungskurse. Die Banknoten der Provinz Sinkiang standen ursprünglich einmal 4:1 zum Silberdollar. Dann verloren sie an Wert. Vorher, als die Provinz noch »halbautonom« war, hatte der Warlord mit den Sowjets einen Vertrag geschlossen, wonach sowjetische Flugzeuge die Strecke Hami – Urumqi – Ili – Alma Ata befliegen sollten. Die Flugpreise wurden zum damaligen Kurs des Provinzyuans festgesetzt. Vor Ablauf der Vereinbarung kamen die Guomindang-Leute in die Provinz und setzten den Kurs der lokalen Währung arbiträr herunter. Die Post als Behörde der Zentralregierung rechnete die Portospesen nun in Fabi ab. Alles in allem kostete daher eine Flugkarte von Urumqi nach Ili weniger als ein Einschreibebrief dorthin – es war billiger und schneller.

Zwischen 1938 und 1941 unternahmen viele Ausländer gewinnbringende Reisen zwischen China und Japan. Offiziell befand sich Japan nicht im Kriegszustand mit China. Es hatte lediglich einen Teil Chinas besetzt. Aber das war natürlich kein Grund für eine Kriegserklärung. Reisebeschränkungen zwischen den beiden Ländern bestanden nicht, weder für Chinesen noch für Ausländer.

Die Marionettenregierungen der Japaner in der Mandschurei und Nordchina hatten eigene Banken, für Nordchina war es etwa die »Reserve Bank of China«. Der Yuan dieser Bank stand pari mit dem japanischen Yen. Der Wechselkurs des Yuan gegenüber dem US-Dollar lag bei 8:1, während der Yen in Japan 3,3 zum US-Dollar stand. Jeder konnte seine Koffer mit Yuan füllen, nach Tokio reisen, die Yuan erst in Yen und dann in US-Dollar umtauschen. Viele Ausländer, unter ihnen eine Reihe von Diplomaten, haben sich an diesen Schiebungen beteiligt und dabei ein ganzes Vermögen gemacht.

Das Zollwesen und der Boy des Superintendenten

Im alten China lag die Zollverwaltung in den Händen der Engländer. Böse Zungen behaupteten, daß das deswegen der Fall gewesen sei, weil das Zollaufkommen sonst in die Hände korrupter Beamter geflossen wäre. Tatsächlich wollten die Ausländer sowohl die Zinsen ihrer Anleihen sichern als auch gewährleistet wissen, daß möglichst viele Industrieprodukte ins Land gelangten.

Der Mann, der das chinesische Zollwesen geschaffen hat, war der Brite Sir Robert Hart mit dem Titel Inspector-General of Chinese Maritime Customs.

Zu meiner Zeit hießen seine Nachfolger – alle Briten – Superintendent der Chinesischen Zollverwaltung.

Alle höheren Beamten der Zollverwaltung waren Ausländer. Der Ausdruck »he is in the customs« bedeutete, daß der Betreffende ein gemachter Mann war. Auf alle Importe wurden 5 % ad valorem dazugeschlagen. Sicher eine Ursache für die Armut und Rückständigkeit Chinas.

Am Jahresende begab sich der jeweilige Superintendent in die Hauptstadt – normalerweise residierte er in Shanghai –, um der chinesischen Regierung seinen Bericht über das Zollaufkommen vorzulegen. Abends, wenn er seinen Bericht endlich zusammengestellt hatte, ließ er sich durch seinen Number One einen Whisky-Soda bringen. Dieser Erste Diener stand schon wartend vor der Tür. Er achtete genau auf die Laune seines Herrn. Je nachdem, ob er gut oder schlecht aufgelegt war, zeigte dessen Gesicht Freude oder Ärger. Börsenspekulanten traten sich bei ihm zu Hause und sogar in seinem Dienerzimmer gegenseitig auf die Füße, um als erste in den Besitz dieser kostbaren Information zu gelangen. Der Diener konnte an diesem Abend etliche tausend Silberdollar verdienen.

Der Lijin war ein Inlandzoll, den die Chinesen selbst erhoben. Jede Provinz, sogar jede Stadt hatte ihren eigenen Lijin. Das Lijinamt Pekings lag außerhalb des Hatamen-Tors. Waren, die von einer Provinz in die andere gingen, waren manchmal bis zum mehrfachen ihres Wertes lijinpflichtig, was natürlich nicht gerade zur Entfaltung des Binnenhandels beitrug.

Für die ausländischen Mächte war der Lijin ein willkommener Vorwand, den berühmten »5% ad valorem« beizubehalten und die Zollverwaltung weiterzuführen. Hohe Außen- und Innenzölle seien sonst die Folge, was den Importhandel ruinieren würde. In jedem Fall sei die Abschaffung des Lijin Vorbedingung dafür.

Das war schlau kalkuliert. Es kam schon deshalb nicht in Frage, weil die Warlords ohne den Lijin völlig abgewirtschaftet gewesen wären.

Als Sicherheit für ihre Auslandsschulden hatte die Qing-Dynastie den ausländischen Mächten ihr Salzsteueraufkommen verpfändet. Junge Ausländer bemühten sich eifrigst darum, eine Stellung in der Gabelle zu bekommen. Man wurde gut bezahlt, war angesehen und gehörte zur »Society«. Viele Eltern – ich meine ausländische – sahen es gerne, wenn ihre Töchter sich mit den Angestellten der Gabelle anfreundeten.

Trinkgeld, Cumshaw und Squeeze

Die Sitte des Trinkgeldgebens ist nach der Befreiung in China abgeschafft worden. Sie gilt als eine Herabwürdigung des werktätigen Menschen. Vorher war man anderer Ansicht.

Überall wurden »tips« gezahlt, im Restaurant, Theater, Hotel und Beauty Shop, selbst in den Toiletten der großen Hotels, wo ein Diener mit einem Handtuch bereitstand. Dafür gab man übrigens zehn bis zwanzig cents. In den Restaurants wurde nach dem Essen die Rechnung vorgelegt. Das Trinkgeld, gewöhnlich zwanzig Prozent, war darin noch nicht enthalten. Wenn ein Gast das Restaurant verließ, riefen die Kellner, daß alle es hören konnten: »Number Soundso, Trinkgeld zwanzig oder dreißig Fen«. Die Antwort der anderen Kellner war ein lautstarkes »Danke schön«. Wenn ein Kunde nichts oder zuwenig gab, war der Ruf: »Number Soundso, kein Trinkgeld«, oder »Number Soundso, nur zehn Fen«. Die Antwort war dann ein johlendes »Danke«. Das geschah allerdings nur in den chinesischen Hotels und Restaurants. In den europäischen sagten die Kellner nur ein leises »Thank you, Sir«, auch dann, wenn es sich um eine Dame handelte.

Die Trinkgelder wurden jeden Abend zwischen den

Kellnern und dem Besitzer geteilt. Die Angestellten bekamen ungefähr siebzig Prozent, der Besitzer den Rest.

Das Wort »Cumshaw« kommt aus dem Englischen und bedeutet »Commission«. Bei allen Transaktionen: Häuserkauf, Heiratsvermittlungen, Verkauf von Wertgegenständen und so weiter, mußte Cumshaw bezahlt werden. Die Summe belief sich auf ungefähr zehn bis zwanzig Prozent des gezahlten oder erhaltenen Betrages.

Beim Ankauf eines Hauses mußten beispielsweise Zeugen gegenwärtig sein. Ohne sie war der Kauf nicht rechtsgültig. Wer sollte auch sonst die Urkunde ausschreiben? Die beiden Parteien durften es nicht. So wurde auch bei den Behörden bei der Registrierung zuerst nach den Namen der Zeugen und des Schreibers gefragt. (Was nur unter »vier Augen« geschah, galt als »wild«.) Zeugen und Schreiber teilten sich dann die Commission.

Squeeze – das Verb hieß »squeezen« und wurde schwach konjugiert – bedeutete eigentlich »pressen« oder »ausquetschen«. Wenn es um Geld ging, war meistens damit Unterschlagung, Veruntreuung oder Betrug gemeint.

Cumshaw war legal und öffentlich, Squeeze dagegen illegal und heimlich, obwohl es genauso verbreitet war wie Cumshaw.

Ausländische Hausfrauen wollten im Unterschied etwa zu den chinesischen mit diesen Praktiken aufhören; meistens ohne großen Erfolg. Eine gab zum Beispiel ihrem Bäcker oder Metzger ein Heft und sagte: »Ich will nicht, daß mein Boy squeezt, es ist gegen die christliche Moral. Schreiben Sie die Preise in das Heft.« »Okay, can do«, antwortet der Ladenbesitzer mit einer Verbeugung. Und wenn jetzt der Boy oder Koch vom Einkaufen zurückkommt, zeigt er das Heftchen seiner Herrin. Jetzt kann es kein Squeeze mehr geben, meint wohl seine Herrin. Aber der Ladenbesitzer erhöht einfach seine Preise und gibt dem Diener von sich aus einen Cumshaw (von ihm aus gesehen ist es ja kein Squeeze). Stolz sagt unsere Hausfrau dann zu ihrer Freundin: »You know, mein Koch kann nicht mehr squeezen; ich gebe ihm das Heftchen zum Einkaufen mit.« Und die Freundin: »So muß man tun, my dear.«

Über Wein und Schnaps

Chinesen trinken wie alle anderen auch, im Norden mehr Schnaps als Wein, im Süden umgekehrt. Der chinesische Schnaps wird aus Sorghum gewonnen; es wird gegoren und dann gebrannt. Das Destillat ist ein sechzig- bis fünfundsechzigprozentiger Schnaps, der für den europäischen Geschmack vielleicht zu stark ist, aber von den Chinesen sehr geschätzt wird. Echter Sorghumschnaps ist jetzt fast nicht mehr zu haben, da Sorghum nicht mehr angebaut wird; nun verwendet man Weizen, Kartoffeln und so weiter. Der chinesische Wein wird aus Reis, besonders dem gelben Reis gewonnen, der nur gegoren wird; der daraus gewonnene Wein hat eine Stärke von zwölf bis vierzehn Volumprozent. Aus Trauben Wein zu gewinnen war in China unbekannt, mittlerweile gibt es jedoch einige Keltereien – eine Hinterlassenschaft katholischer Missionare. Wo trinkt man Wein oder Schnaps? Natürlich in Restaurants und in den chinesischen Kneipen.

In den chinesischen Kneipen

Kaum ein Ausländer – Missionare und Weißrussen ausgenommen – hat je eine chinesische Kneipe besucht. Eine der Ausnahmen war mein Freund Ernst, mit dem ich zusammen in den vierziger Jahren angenehme Abende in den Kneipen Pekings verbracht habe.

Dies waren Stätten, wo die Ärmeren nach der harten Tagesarbeit ihre Sorgen in Schnaps ertränkten. Ab und zu traf man auch kleine Kaufleute, die etwas zu besprechen hatten. Auf angesehene Bürger stieß man in den Kneipen selten, von einigen Bohemiens abgesehen.

Die Kneipen waren recht primitiv. An den Wänden standen große Tonbehälter mit Holzdeckeln; diese Behälter dienten als Tische. Darum hießen die Kneipen bei den Pekingern Jiugang, was »Schnapsfässer« bedeutet.

In diesen Kneipen wurde nur Schnaps verkauft. Natürlich konnte man auch etwas zu essen bekommen, Erdnüsse, Wurstscheiben und so weiter. Es war durchaus üblich, daß die Kunden sich beim Trinken unterhielten, aber man stellte sehr selten indiskrete Fragen nach Namen, Beruf und Wohnort.

Jahrelang frequentierte ich eine Kneipe, ohne daß der Besitzer oder die Stammkunden meinen Namen kannten. Jetzt ist es ganz anders geworden. Man findet dort außer Gebäck noch Kuchen, manchmal Bonbons oder Zahnpasta und Toilettenpapier, fast wie in einem amerikanischen »drug store«. Die meisten Kunden sind inzwischen keine Schnapstrinker mehr, sondern Hausfrauen, die Toilettenpapier, oder junge Leute, die sich Zigaretten kaufen.

Zwei Kneipen möchte ich hier erwähnen. Die eine hieß »Tongfeng Hao« an der belebten Qianmen-Straße. Sie war klein und hatte weder Stühle noch Hocker. Man mußte an der Theke stehend seinen Schnaps trinken. Auch wurden dort weder Erdnüsse, Würste noch Früchte verkauft, dafür standen vor der Tür viele Verkäufer, die all dies in Hülle und Fülle anboten. Das »Tongfeng Hao« war zwar klein, aber es herrschte immer ein großes Gedränge. Man traf Leute der verschiedensten Berufe: kleine Kaufleute, Rikschakulis, aber auch Geigenspieler der Peking-Oper. Einen Platz an der Theke zu finden, war keine leichte Sache, besonders gegen Abend.

Die zweite Kneipe war eine winzige Angelegenheit in einer kleinen Gasse außerhalb des Qianmen-Tores. Der Besitzer war selbst ein großer Trinker. Wenn ein Kunde es verlangte, war er immer bereit, mit dem Fingerspiel um Getränke zu knobeln.

Das ging so: Die beiden »Knobler« riefen laut eine Zahl bis zehn. Gleichzeitig zeigten beide je eine Hand vor mit eins, zwei, drei, vier oder fünf ausgestreckten Fingern. Derjenige, der die Anzahl der gestreckten Finger beider Hände traf, hatte gewonnen.

Ich habe in solcher Atmosphäre oft angenehme Stunden verbracht mit einfachen Leuten, Tischlern, Krämern, Kulis und kleinen Beamten. Ihre Sprache war einfach, manchmal recht naiv, aber aufrichtig – ein großer Unterschied zu manchen »vornehmen« Leuten, die ich im Laufe meines Lebens kennengelernt habe.

Die acht Schnaps-Handelshäuser

Bis ungefähr 1940 besaßen acht Handelshäuser unmittelbar außerhalb des Hatamen-Tors das Monopol für den Engroshandel mit chinesischem Branntwein: die

sogenannten »Acht großen Häuser« von Hatamen.
Als die Mandschus 1644 Peking besetzten und ihre Dynastie gründeten, erließen sie den Befehl, daß im Umkreis von zwanzig Kilometern um die Hauptstadt kein Schnaps gebrannt werden durfte. Sie wollten ihre Bannerleute vor Saufgelagen schützen. Dieses Gesetz wurde von der Republik bis 1940 aufrechterhalten. Die Brennereien lagen daher alle mindestens zwanzig Kilometer von der Stadt entfernt. Ihre Produkte brachten sie zu den acht Engroshändlern von Hatamen. Da diese Händler die Alkoholsteuer gepachtet hatten, durfte keine Brennerei ihre Ware an andere Leute verkaufen. Man kann sich vorstellen, wie die »acht Häuser« die Preise hochschraubten und zugleich die Hersteller ausbeuteten. Ein einfaches Beispiel: Ein Bauer karrt seinen Schnaps an, das heißt, er hat einen Weg von mindestens zwanzig Kilometern zurückgelegt. Wenn ihm der angebotene Preis zu niedrig ist, muß er mit seiner Ladung wieder zurück. Natürlich verkauft er seine Ware zu jedem Preis. Kein Wunder, daß die »acht Häuser« außerordentliche Profite erzielten. 1940 kam es zur Aufhebung dieses Erlasses aus dem Jahre 1644; damit war das Schicksal der »Acht großen Häuser« besiegelt.
Es gab natürlich auch Schnaps, der nicht durch ihre Hände ging, also ohne Steuer, aber das war Konterbande und wurde als Schmuggelei bestraft. Trotzdem kam es zu Schnapsschiebungen zwischen Stadt und Umgebung. Der Sprit wurde in Schweinsblasen über die Stadtmauer gebracht. Das erforderte nicht nur Kraft, sondern auch ein besonderes Klettergeschick, denn die Mauern waren hoch. Der Schnaps war billig, schmeckte nicht schlecht, und der Kneipenbesitzer sagte seinen Stammkunden: »Mein Schnaps ist über die Mauer gekommen.«

Maotai und Antipas

Wenn heutzutage auf chinesischen Diners Schnaps serviert wird, ist die beste und teuerste Marke »Maotai«. Der Name ist allen Ausländern ein Begriff. In meiner Jugend war der Name so gut wie unbekannt.
Maotai ist eigentlich der Name eines kleinen Dorfes in der Provinz Guizhou im Süden Chinas. In den Jahren 1932–1934 war der Guomindang-General He Yingqin der Leiter der hiesigen Stelle des Militärkomitees der Nanjing-Regierung. Er stammte aus der Provinz Guizhou. Auf den Diners, die er gab, ließ er Schnaps aus seiner Heimat servieren. So fand der »Maotai« den Weg in die vornehmen Kreise.
Gab es auch andere Weine und Schnäpse? Gewiß, ein gewisser Herr Zang Yu hatte sehr früh in der Stadt Qifu in Shangdong angefangen, Branntwein und süße Weine zu produzieren. Sein Kognak war nicht schlecht, er soll sogar auf einer Ausstellung in Panama ausgezeichnet worden sein. Trockene Weine fanden in China keinen Absatz. Einem Durchschnittschinesen fällt es schwer, den Unterschied zwischen einem trockenen und einem sauren Wein herauszuschmecken.
Der Russe trinkt natürlich Wodka. In Harbin, wo die meisten Weißrussen wohnten, begann man recht früh mit seiner Herstellung. Die beste Marke war ohne Zweifel der »Antipas«. Er wurde in Halbliterflaschen und in kleinen Fläschchen von hundert Kubikzentimetern verkauft. An Aroma und Reinheit konnte er es mit jedem importierten Wodka aufnehmen. Leider ist er jetzt nicht mehr im Handel.
1963 habe ich einmal in einem chinesischen Restaurant, das russische Speisen verkaufte, gegessen. Der Kellner

brachte mir die Gerichte, füllte mein Glas und sagte zum Schluß auf russisch: »Appetit«. Da er so viel von den alten Gebräuchen kannte, fragte ich ihn, ob der Wodka, den er mir einschenkte, ein »Antipas« sei. Seine Antwort war: »Mein Herr, wo soll ich den ›Antipas‹ herbekommen? Seit dreißig Jahren kann man ihn nicht mehr bekommen.« Wie schade, daß die guten Sachen so allmählich verschwinden.

Der Keller der Maristen

Ungefähr ein oder zwei Kilometer von der Westmauer liegt Shala; jetzt ist es ein Teil der Stadt geworden, damals mußte man erst ein Stückchen Ackerland durchqueren. Dort lag das Haus der Maristen. Die meisten waren Franzosen, nur einige wenige Chinesen lebten in dem Kloster.

Shala war unter den Ausländern wegen seiner Weine und seines Friedhofs berühmt. Das Gelände war schon Ende der Ming oder Anfang der Qing den Jesuiten geschenkt oder verkauft worden. Pater Adam Schall von Bell erwähnte den Ort in seinen Erinnerungen. Mateo Rici, der erste Jesuit, der in der Ming-Dynastie nach China kam, liegt dort begraben.

Ich bin oft in dem Friedhof spazieren gegangen. Die berühmten Jesuitengräber befinden sich am Nordende. Am Kopf der einzelnen Gräber standen hohe Steintafeln, in die auf chinesisch Namen und Lebenslauf eingemeißelt waren.

Jetzt befindet sich auf dem Gelände die Parteischule der KPCh der Stadt Peking. Lebende Atheisten wohnen dort nun mit toten Jesuiten zusammen.

Die Maristen besaßen eine eigene Kelterei und handelten mit ihren Erzeugnissen. Die Weine waren aus Weintrauben gekeltert, die Liköre dagegen bestanden nur aus verdünntem Alkohol mit Essenzen. Aber sie waren billig und schmeckten nicht schlecht. Im Keller konnte man sie kostenlos probieren. Man fuhr im Wagen hin und kaufte das Zeug kistenweise ein.

Five Stars Beer

Das berühmte Bier Pekings, das »Five Stars Beer«, ist eng mit dem Namen eines Tschechen, Herrn Kara aus Pilsen, verbunden.

Der damalige Untertan der k. u. k. Monarchie geriet in Kriegsgefangenschaft und landete Ende des ersten Weltkriegs und während der Wirren des sibirischen Bürgerkriegs in der Mandschurei. Dort traf er einen chinesischen Kaufmann, Herrn Zhang. Als dieser erfuhr, daß Kara von Beruf Braumeister war, machte er ihm den Vorschlag, gemeinsam mit ihm eine Brauerei aufzumachen, er als Inhaber, Kara als Braumeister. So kam es zur Gründung der Brauerei Shuanghexing, die ihren Sitz außerhalb des Guangan-Tors im Südwesten Pekings hatte. Die Brauerei florierte bald, und die Marke »Five Stars Beer« war in ganz China ein Begriff. Kara ließ seine Familie aus Europa nachkommen.

Er war wohl einer der bestbezahlten Ausländer Pekings. Herr Zhang bot ihm tausend Silberdollar pro Monat, freie Wohnung und freies Bier. In der damaligen Zeit kam ein gut bezahlter Ausländer sonst nur auf fünfhundert bis sechshundert Dollar.

Die Familie Kara sprach fließend Deutsch. Er schickte

seine Kinder in die Deutsche Schule und fühlte sich eher als Deutscher denn als Tscheche. Die Deutschen gingen bei ihm ein und aus, um bei Bier und Kuchen Sonntagnachmittage wie in der Heimat zu verbringen.

Zwei- oder dreimal war auch ich bei ihm. Karas Zimmer war an dem Tag immer voll. Der Tisch bog sich vor Kuchen und Gebäck, da Frau Kara eine Virtuosin auf diesem Gebiet war. Man trank frisches, eisgekühltes Bier und plauderte gemütlich bis in den Abend hinein.

Das trinkfeste Fräulein

Eine meiner Kolleginnen an der Furen-Universität, Frl. Zuo – sie ist eine alte Jungfer geblieben –, hatte die sonderbare Eigenschaft, daß ihr der Alkohol überhaupt nichts anhaben konnte. Nicht, daß sie wenig trank oder einfach eine Menge vertrug. Alkohol, ganz gleich welcher Sorte, hatte physiologisch einfach keine Wirkung auf ihren Organismus.

Zu meiner Zeit war sie eine magere, kränkelnde Frau von ungefähr dreißig Jahren; sie unterrichtete Englisch. Ich kannte sie nur flüchtig und habe nie mit ihr getrunken. Später hörte ich aber von verschiedenen Seiten, daß sie 1948 als Chefin der Fremdenabteilung der Pekinger Stadtverwaltung den in Peking stationierten US-Offizieren ein Festessen gab. Manche sagen, daß es zwölf Tische zu je sechs Amerikanern, andere, daß es sechs Tische zu je zwölf Amerikanern gewesen seien. Wie dem auch sei, sie ging von Tisch zu Tisch, trank mit jedem Offizier dieselbe Menge Schnaps bis alle Amerikaner unter dem Tisch lagen. Sie dagegen war noch so nüchtern, als habe sie nur Selterswasser getrunken.

Rauschgifte und Aphrodisiaka

Das Rauschgift par excellence ist Opium. Ich weiß nicht, ob die Chinesen es schon kannten, bevor es die britischen Kolonialherren Mitte des achtzehnten Jahrhunderts nach China brachten. Im Gegensatz zu Heroin, Morphium oder Kokain kann man es als ein »edles Gift« bezeichnen, denn der Opiumsüchtige verliert selten seinen moralischen Halt. Der Opiumraucher wird, wenn er seine Dosis in Grenzen hält, nicht so leicht süchtig wie die anderen. In den Jahren 1940–1945 habe ich ziemlich regelmäßig mit meinem Freund Ernst ein paar Pfeifen geraucht; dabei haben wir uns gemächlich unterhalten, weiter nichts. Weder er noch ich sind süchtig geworden. Das einzige, was wir empfunden haben, war ein angenehmes Gefühl des Behagens und der Ruhe. Überhaupt keine »Euphorie«, sexuelle Träume oder dergleichen haben wir verspürt.

Wie jeder weiß, wurde Opium von Indien nach China importiert, aber die Chinesen haben sehr bald selbst die Mohnblume kultiviert, und zu meiner Zeit gab es kein Indien-Opium mehr.

Zwar war der Anbau von Opium gesetzlich verboten, aber er wurde von den lokalen Behörden geduldet, sogar begünstigt. Dies war nicht weiter schwer, die Provinzgouverneure setzten den Bauern die Steuern so hoch, daß sie praktisch gezwungen waren, Opium anstatt Getreide anzubauen. Berüchtigt war der Gouverneur der Provinz Jehol, der die Provinzfinanzen nur noch durch Opiumsteuern sanieren konnte. Auch die Warlords von Yunnan, Gansu und anderswo standen in diesem Ruf.

Zum Opiumrauchen braucht man mehrere Utensilien: Öllampe, Pfeife, Liegebett, Stecher und so weiter. Das ist

nicht ganz so bequem wie etwa eine Heroin- oder Morphiumspritze, auch beansprucht das Rauchen Zeit.
In meiner Jugendzeit wurde in den Häusern der Reichen nach dem Essen eine Pfeife Opium angeboten, genau wie man etwa einem Bekannten eine gute Zigarre anbietet. Hatte man etwas Ernstes zu besprechen, geschah dies in aller Ruhe bei einer Pfeife Opium.
Anfang der dreißiger Jahre kam es in Peking zu einer »Kampf-dem-Opium«-Bewegung; Entwöhnungskliniken (private Unternehmen) wurden eingerichtet, Gesundheitspropaganda betrieben. Aber in den meisten Fällen machte man nur leere Worte. Dem Patienten wurden unter »ärztlicher Kontrolle« Opiumdosen verabreicht, zum endgültigen Entzug kam es jedoch selten; die Hospitäler verdienten dabei nicht schlecht.
Nach der Errichtung des Marionettenstaates Mandschukuo haben die Japaner, das heißt die Guandong-Armee[1], den Opiumhandel in die Hand genommen und in großzüger Weise Opium und Heroin nach China verkauft. 1936, als ich in Jehol, dem heutigen Chengde war, sah ich Felder, die mit Mohnblumen bepflanzt waren, so weit das Auge reichte.
In Peking entstanden Lokale, die ganz offen ihren Klienten Gelegenheit gaben, ihre Sucht, sofern sie eine hatten, zu befriedigen. In den Jahren 1935–1937 war beispielsweise das Lokal Dalüshe (auf deutsch: »Großes Reisehaus«) außerhalb des Qianmen-Tors dafür berüchtigt. Es war ein dreistöckiges Gebäude, in dem mehr als tausend

1. Guandong-Armee bezeichnet die im Nordosten Chinas stationierten japanischen Truppen, die 1931 die Mandschurei besetzten und mit Pu Yi, dem letzten Qing-Kaiser, eine Marionettenregierung errichteten.

Personen Platz finden konnten. Hier wurden Opium und Heroin ganz offen verkauft (»bitte sehr, zwanzig Fen pro Zug!«). Glücksspiele und entzückende »Fräuleins« machten den Aufenthalt dort recht angenehm. Es handelte sich um ein japanisches Unternehmen; die chinesische Polizei wagte es nicht, sich dort zu zeigen.

Nach 1937 (Besetzung Pekings durch die Japaner und Errichtung einer Marionettenregierung) rief die Regierung ein »Büro für die Opiumentwöhnung« ins Leben. Da man sich von heute auf morgen nicht entwöhnen lassen kann – das geben alle Ärzte zu –, beschloß man, kleine Dosen Rauschgift an die Süchtigen zu verkaufen; sie mußten sich registrieren lassen und bekamen eine Karte, mit der sie in bestimmten Läden Opium kaufen und dort auch rauchen durften. So entstanden unzählige »Yaodian«, zu deutsch: »Medikamentenläden«. Fast in jeder Straße, wenigstens in den großen, gab es einen solchen Laden. Sie wurden an Privatpersonen verpachtet, oder ein privater Laden mußte sich beim Entwöhnungsamt registrieren lassen.

Im Prinzip war das sehr vernünftig, in der Praxis aber sah es ganz anders aus: Opium wurde zum Staatsmonopol. Da das Rohopium aus Mandschukuo importiert wurde – im ebenfalls japanisch besetzten Nordchina durfte Schlafmohn nämlich nicht angepflanzt werden –, lag der gesamte Opiumhandel in den Händen der Japaner, einiger Großkaufleute und der verschiedenen Abteilungen des japanischen Geheimdienstes. Ich habe mehrfach gehört, daß sich ein Teil des Geheimfonds der Gendarmerie und des Takumukikan (Amt für Sonderzwecke der japanischen Armee) durch den Opiumhandel finanzierte.

Der Zutritt zu diesen Läden war praktisch allen möglich;

die Süchtigen wurden nicht nach ihrer Registrierkarte gefragt, die Nichtsüchtigen besaßen keine. Auch nach der Menge des verkauften Alkaloids fragte kein Mensch, denn wie konnte man wissen, ob der Käufer diesmal eine größere oder kleinere Menge als das vorige Mal kaufte? Es wurde auch nicht verlangt, daß man an Ort und Stelle seine Droge verrauchte; es könnte ein Süchtiger ja so krank sein, daß er nicht in der Lage war, seine Wohnung zu verlassen.

Gewöhnlich waren diese Läden kleine, aber verhältnismäßig saubere Lokale mit vier bis sechs Zimmern. In jedem Zimmer stand ein großes Bett, worauf die Utensilien: Öllampe, Pfeifen und so weiter lagen. Die Kunden – selten ging man allein dorthin – legten sich zu beiden Seiten der Lampe nieder, rösteten darauf die Droge zu einem kleinen Kügelchen und rauchten es im Feuer der Lampe. Da es nur eine Lampe gab, rauchten sie abwechselnd. Die Bedienung (nur Männer) war gut; es wurde Tee serviert, und man konnte sich Früchte oder Kekse kommen lassen. Natürlich hatte man nichts dagegen, wenn ein Kunde ein Mädchen mitbrachte, aber das geschah sehr selten.

Die ganze Atmosphäre war ruhig und friedlich. Nie habe ich Zank oder Streit in solchen »Medikamentenläden« erlebt. Mit meinem Freund Ernst unterhielt ich mich so im Liegen über gemeinsame Erlebnisse, über die Geschichte Chinas und allerlei interessante Themen. Jedenfalls ging es sehr viel ruhiger zu als in einer Bar. Das ist auch der Grund, warum Opium für mich ein edles, ein vornehmes Rauschgift ist.

Opium ist kein Reizmittel, sondern eine einschläfernde Arznei. Es verlängert den Liebesakt. Sehr viele junge Chinesen sind aus diesem Grund süchtig geworden.

Hier muß ich eine Bemerkung einschalten. Diese begehrenswerte Eigenschaft verschwindet, sobald man süchtig wird. Ich kannte einen alten Mann, der mich in meinen jungen Jahren gerade aus dem Grund davor gewarnt hat.

Der Genuß, wenn man sich so ausdrücken darf, von Morphium und Kokain war unter den Chinesen nicht verbreitet und Haschisch völlig unbekannt.

Der populäre Ausdruck für Heroin war Baimian (»weißes Pulver«). Es wurde eingenommen, indem man eine Zigarette an einem Ende ein wenig aushöhlte, mit dem weißen Pulver füllte und anzündete. Da man beim Rauchen die Zigarette senkrecht und wenigstens schräg nach oben halten mußte, wurde das Rauchen von Heroin auch »Flak-Schießen« genannt. Man sagte von einem Heroinsüchtigen: »Er schießt Flak«. Es soll noch eine andere Art des Rauchens gegeben haben: Man streute von der Droge ein wenig auf eine Stanniolfolie (Zigarettenpackung) und erhitzte die Folie mit dem angezündeten Streichholz. Den Dampf atmete der Raucher dann ein.

Im Gegensatz zum Opiumraucher ist der Heroinsüchtige zu allem fähig und verliert jeden moralischen Halt. Ich habe persönlich einen armen Schlucker getroffen, der mir seine Frau, die ich außerdem noch kannte, für eine Nacht anbot, wenn ich ihm nur ein paar Yuan für die benötigte Dosis geben könnte. Diese Schwäche nutzten viele Leute aus, um sich zu bereichern. Es waren meistens Koreaner, die sogenannte Pfandhäuser aufmachten, um Heroin gegen alles mögliche Zeug zu tauschen. Als japanische Untertanen genossen die Koreaner extraterritoriale Rechte; die chinesischen Behörden waren ihnen gegenüber machtlos. Man hat mir erzählt, daß man alles Erdenkliche bei ihnen versetzen konnte, Uhren, Werkzeuge, Öfen, alte Kleider und so weiter, eben alles, was man ihnen anbot, mit einer Pfandzeit von manchmal nur vierundzwanzig Stunden. Wenn der Süchtige nach Ablauf des Termins die zwanzig oder dreißig Fen, die er verraucht hatte, nicht zurückerstatten konnte, blieb das Pfandstück Eigentum des Koreaners. Ich weiß, daß es Leute gab, die sogar ihre Frauen oder Kinder für einen Zug Heroin versetzten.

Heroin wird bekanntlich aus Rohopium mit Hilfe von Äther gewonnen; es soll ein sehr einfacher Vorgang sein. Da Opium in Mandschukuo angebaut wurde, liegt es auf der Hand, daß die Japaner und Koreaner an der Herstellung und am Verkauf des Rauschgiftes stark beteiligt waren, doch auch Chinesen und Europäer. Ich muß leider sagen, daß ich bei einem deutschen Kaufmann, Herrn B., eine getippte Anweisung für die Herstellung von Heroin gesehen habe und daß eine angesehene deutsche Firma große Mengen Äther verkaufte. Wozu, weiß ich nicht – ich kann es nur ahnen.

Nun verlassen wir dieses nicht sehr erfreuliche Thema und segeln in das Reich der Liebe.

So wie alle anderen Völker haben die Chinesen Aphrodisiaka besessen. Sie nennen sie »Frühlings-Medikamente«. An erster Stelle steht wohl das Hirschhorn, dann kommen Ginsengwurzeln, Schildkrötenpanzer, und andere. In der traditionellen chinesischen Medizin werden sie als »stärkende Arzneien«, als Tonika, bezeichnet. Reine Reizmittel wie Yohimbin oder Kantharidin sind sie nicht, sondern »belebende« Mittel. Sie sollen alternden Männern ihre Potenz wiedergeben und sie zu Höchstleistungen beflügeln.

Über die Wirkungen dieser »Frühlings-Medikamente«

kann ich nicht sehr viel schreiben; ich werde hier nur ein eigenes Erlebnis wiedergeben.
Ich glaube, es war Ende 1944, als ich mich einmal mit meinem Freund Ernst über dieses Thema unterhielt. Er war in seinen besten Jahren, groß, stark, ein Verehrer schöner Frauen. Nun wollte er, daß ich ihm dieses Wundermittel verschaffe, wir würden seine Wirkung ausprobieren. Wir gingen also eines Abends zu der berühmten chinesischen Apotheke Tongrentang außerhalb des Qianmen-Tores und kauften uns eine Flasche Hirschhorn-Ginseng-Elixier, in Schnaps aufgelöstes Hirschhornsalz mit Ginseng. Teuer war die Flasche, aber wir hatten Geld. Danach begaben wir uns in ein Restaurant, und bei Peking-Ente und Schildkrötensuppe tranken wir statt Wein ein Glas nach dem anderen von unserem Elixier. Wir machten große Pläne und waren überzeugt, daß wir diese Nacht Wundertaten vollbringen würden. Unsere Unterhaltung war höchst interessant, und die Flasche wurde zu zwei Dritteln leer. Noch war es zu früh für die Damen. Ernst schlug einen Spaziergang durch die belebten Straßen vor. Wir bewunderten die hell erleuchteten Schaufenster, drängten uns in die Menge der Passanten. Ich begann, eine leichte Müdigkeit in den Beinen zu fühlen. Plötzlich fragte mich Ernst gähnend: »Was meinst du, wenn wir jetzt Rikschas nehmen und nach Hause fahren?« Sein Gähnen steckte mich an, und ich antwortete: »Mit den Mädchen machen wir es ein anderes Mal.«
Meine Rikscha brachte mich nach Hause, und ich genoß eine angenehme, ruhige Nacht.
Sollte ich jemanden treffen, bei dem Schlaftabletten keine Wirkung mehr ausüben, würde ich ihm jederzeit Hirschhorn-Ginseng-Elixier empfehlen.

Über die Prostitution

Prostitution hat es bei allen Völkern und zu allen Zeiten gegeben. Schlagen wir ein Wörterbuch auf so lesen wir: »Prostituierte = Frau, die gewerbsmäßig Männern Geschlechtsverkehr bietet.« Also spielt es keine Rolle, ob sie bei der Sittenpolizei registriert ist oder nicht, und wie sie sonst ihr Gewerbe betreibt.

Die gehobene Klasse: Fräulein Wang und Lady X.

In den vierziger Jahren kannte ich ein gewisses Fräulein Wang. Sie konnte malen, aber ihre Bilder waren recht mittelmäßig, trotzdem wurden sie sehr oft ausgestellt; dafür sorgten ihre »Protektoren«, die größtenteils einflußreiche Presseleute waren. Sie lebte in einem nicht gerade luxuriösen Haus in der Weststadt und war von Beruf eben »Malerin«. Wenn man sich für sie interessierte, wurde man ihr vorgestellt. Man führte sie in Restaurants aus, in Tanzdielen, oder fuhr mit ihr in die Westberge zu einem Picknick zu zweit. Soweit ich weiß, verlangte sie kein Geld, dafür mußte man ihr Bilder abkaufen. Verzeihung, man mußte natürlich nicht, aber anstandshalber tat man es. Da sie auf ihren Ruf Wert legte – Nachbarn, Polizei –, konnte man nicht bei ihr übernachten, man mußte andere Mittel finden.
Ich habe ihr kein einziges Bild abgekauft, weil ich von vornherein dem Mann, der mich ihr vorstellte, sagte, daß ich sie nur kennenlernen wollte.
Sie sah recht hübsch aus, elegant gekleidet, hatte eine raffinierte Art, ihre Bilder anzubieten, aber, wie schon gesagt, sie waren recht mittelmäßig und zu teuer.

Eine andere Dame aus einem guten Haus, einer wohlhabenden Mandschu-Adelsfamilie, führte in den dreißiger Jahren ein Doppelleben. Zu Hause war sie eine vornehme Dame, verheiratet, und ihr Mann lebte noch. Aber sie hatte Beziehungen zu den Boys in den vornehmsten Hotels, die ihr als Vermittler dienten. Es ging so zu: Wenn man allein in einem dieser Hotels war, kam der Ober und sagte: »Mein Herr, darf ich Sie fragen, ob Sie die Bekanntschaft von Lady X. machen möchten? Sie ist keine ›Gewöhnliche‹, sondern aus der und der Familie. Aus diesem Grund macht sie es inkognito. Wenn Sie wollen, kann ich vermitteln.« Wenn man gewillt war, wurde eine Nacht vereinbart, die man in dem Hotel verbrachte. Sie kam unter einem Pseudonym, verlangte keine Geschenke, sondern pochte auf Barzahlung. Ihr Preis war das drei- oder vierfache einer »Gewöhnlichen«. Wieviel der Vermittler von dem Geld bekam, weiß ich nicht, höchstwahrscheinlich die Hälfte.
Ich habe auch nie herausgefunden, ob der Ehemann von der Sache wußte, wahrscheinlich ja, vielleicht auch nicht, wer weiß? Noch weniger kann ich mir erklären, warum die betreffende Dame es tat; ihre Familie war wohlhabend genug. Sie hatte es nicht nötig, ein derartiges Gewerbe zu betreiben. Frauen sind eben unergründlich.

Der Abt als Kuppler und die »barmherzigen« Nonnen

In der Weststadt von Peking gab es ein reiches buddhistisches Kloster, dessen Abt über gute Beziehungen zu den damaligen Machthabern verfügte, die, was sehr wichtig war, auch deren Frauen und Konkubinen einschlossen. Was ist dabei, in einen Tempel zu gehen, um Weihrauch anzuzünden und zu beten? Es herrschte damals, und herrscht auch heute noch, fast überall auf der Welt Glaubensfreiheit. »Jeder soll nach seiner Façon selig werden« – das kam dem Abt und dem Kloster zugute. Warum? Eine Kirche, ein Tempel, ein Kloster sind »unproduktive Unternehmen«, wenn ich diesen Begriff einmal gebrauchen darf. Man braucht Almosen, Spenden, Stiftungen, Messegelder, um zu leben. Das oben erwähnte Kloster besaß zwar in der Stadt genug Häuser, deren Insassen ausgebeutet werden konnten, genug Ackerland außerhalb der Stadt, wo armen Bauern das Fell über die Ohren gezogen wurde, aber das reichte natürlich hinten und vorne nicht. Wir, arme Schlucker, die höchstens einen Yuan ausgaben, um zu Buddha oder Jesus zu beten, auf daß bald unser Gehalt erhöht werde, wir fielen von vornherein nicht ins Gewicht.

Unser Abt kam auf den glorreichen Gedanken, Vermittler zu werden. Damals konnte jeder ungehindert ein Kloster betreten; man brauchte sich nicht in ein Registerbuch einzutragen und mußte auch keinen Empfehlungsbrief vorzeigen. Da kam die verwelkte Frau des Generals XX und wollte einen strammen Burschen haben. Da kam ein seniler Minister, der kaum noch seine Gattenpflicht erfüllen konnte, um sich noch einmal einer Illusion hinzugeben. Da kam die junge Konkubine des alten Geheimrats, um vielleicht zum ersten Mal in ihrem Leben einen Orgasmus zu erleben. Da erschien der junge Sohn des Bankpräsidenten, um ein frisches, junges Mädchen kennenzulernen. Alle wurden zufriedengestellt. Was können wir Klosterinsassen dafür, daß so viele und so verschiedenartige Gläubige zu uns kommen? Nach den ermüdenden Zeremonien müssen sie sich ausruhen. Man kann sie doch nicht einfach in der Haupthalle stehen lassen; da im Nebenzimmer können sie sich etwas verschnaufen. Was haben Sie dagegen, Sie sind wohl Atheist!

All dies geschah unter dem Deckmantel der Religiosität. Nicht jeder konnte sich so einen Spaß leisten. Nur die Eingeweihten, und das war die Creme der Pekinger Gesellschaft. Der Abt verlangte nichts für seine Bemühungen. Nur die Almosen und Spenden flossen mit der Zeit immer reichlicher.

Oh, heiliger Gautama, hättest Du geahnt, wofür sich Deine Schüler eines Tages hingeben würden!

Wenn man von Xuanwumen-Tor nach Süden ging, stieß man irgendwann an einem entlegenen Ort auf ein Nonnenkloster. Von diesem Kloster hat mir ein Kollege in den vierziger Jahren erzählt, daß die Vorsteherin auf ähnliche Weise wie der Abt im Weststadt-Kloster das Einkommen ihres Klosters zu vergrößern suchte. Nur mit dem Unterschied, daß sie nicht als Vermittlerin auftreten, sondern ihr Kloster gleich in ein exklusives Bordell verwandeln wollte. Gesagt, getan. Nur reiche, einflußreiche Persönlichkeiten durften es wagen, an die Pforte zu klopfen.

Ich habe das zunächst nicht für möglich gehalten, aber man hat es mir später bestätigt, und zwar von verschiedenen Seiten, die nichts miteinander zu tun hatten.

Selbstverständlich verlangte man auch dort keine Barzahlung, nur Almosen und Spenden, der Form halber. Während über die Tätigkeit unseres Abtes jedermann Bescheid wußte, war dieses Nonnenkloster so exklusiv, daß nur sehr, sehr wenige Pekinger davon wußten.

Ich gönne es den Nonnen, denn aufgezwungene Askese ist doch eine lästige Sache. Oh, heilige Guanyin, sei Deinen Nonnen gnädig!

Die »Acht großen Straßen«

Wenn man vom Qianmen-Tor in südliche Richtung geht und dann rechts einbiegt, stößt man auf die belebteste Straße der Südstadt, Dazhalan. Weiter nach Westen lag das berühmte Viertel der »Acht großen Straßen«. Dort befanden sich die polizeilich registrierten Freudenhäuser. Seit wann es diese polizeiliche Kontrolle gab, weiß ich nicht. Wahrscheinlich wurde das System in den letzten Jahren der Kaiserzeit eingeführt.

Der Grund, weshalb das Viertel die »Acht großen Straßen« genannt wurde, ist mir entfallen. Zu meiner Zeit, das heißt in den dreißiger und vierziger Jahren, umfaßte das Viertel eigentlich nur vier Straßen; es kann natürlich sein, daß die Bordelle früher viel zahlreicher waren und sich über eine Reihe weiterer Straßen erstreckten. Jedenfalls sagte man in Peking: »Gehen wir zu den ›Acht großen Straßen‹.« Die Ausländer nannten die Gegend »Qianmenwai«, was »außerhalb des vorderen Tores« bedeutet, als ob das ganze Stadtviertel auf der anderen Seite des Qianmen-Tors nur so von Freudenhäusern wimmeln würde.

Die Freudenhäuser waren in drei Kategorien eingeteilt. Fangen wir gehörigerweise mit der untersten an: Diese Häuser trugen den Namen »Xiachu«, was auf Deutsch »untere Örtlichkeiten« heißt. Ich selbst bin nie in einem solchen Lokal gewesen, habe aber gehört, daß die Kunden, meistens waren es arme Ladenschwengel, Rikschakulis und so weiter, dort nur ihren Geschlechtstrieb befriedigten, wenn nicht long, dann eben short time. Man sagt, daß in diesen Häusern nur Tee serviert wurde. Die Damen waren ältliche Frauen, die ihre Blütezeit in den besseren Kategorien verbracht hatten.

Die nächstbesseren Freudenhäuser trugen den Namen »Chashe«, Teehäuser. In den Reisebeschreibungen von Ausländern findet man gerade diesen Namen sehr häufig. Auch dorthin ging man natürlich zum Teil nur deswegen, um mit einer Frau zu schlafen, zum Teil aber nur, um ein wenig mit den Mädchen zu plaudern, oft in Gesellschaft von ein paar Freunden, mit denen man einen fröhlichen Abend verbringen wollte. Tee und Zigaretten wurden serviert, nicht verkauft. Manchmal ließ man von draußen Wein und Gerichte kommen, wofür man natürlich bezahlen mußte. Nach einer, höchstens zwei Stunden legte man einen Yuan hin und verabschiedete sich.

Wer länger bleiben wollte, mußte ein Abendessen bestellen und für die Nacht fünf Yuan bezahlen. Die Damen waren keine solchen Wracks wie die in der dritten Kategorie, manche sogar recht hübsch und jung. Einige von ihnen waren von vornherein für diese Teehäuser ausgewählt worden, andere waren dort gelandet, weil sie sich die Luxusausgaben der ersten Kategorie nicht mehr leisten konnten. Eine Dame der ersten Kategorie hatte nicht nur elegant gekleidet zu sein, sie mußte auch Juwelen besitzen, wenn auch nicht notwendigerweise echte, und mindestens zweimal in der Woche einen teuren Frisiersalon aufsuchen. Entsprechend hoch waren ihre Unkosten.

Ich bin nur einmal in einem solchen Teehaus gewesen. Das lief folgendermaßen ab: Ich betrat das Lokal. Ein »Diener« führte mich in ein leeres Zimmer und ließ die Mädchen des Lokals hintereinander eintreten, um sie mir vorzustellen. Zu meinem großen Schrecken erkannte ich eine »Freundin«, die mir aus der ersten Kategorie bereits in bester Erinnerung war. Es blieb mir

Der Vater in Mongolentracht

Oben: Familienfoto um 1917 (Der kleine »Dritte Herr« am Knie seiner Mutter).
Rechte Seite: Der Vater als General in Yuan Shikais Armee (Das Kreuz stammt aus der Zeit der Kulturrevolution).
Unten: Der Vater, daneben eine Bemerkung aus der Kulturrevolution, die ihn als »faules Ei, Offizier der japanischen Marionettentruppen« diffamiert – angesichts der Tatsache, daß der Vater 1920 starb und die Japaner erst 1931 die Mandschurei besetzten, ein Ding der Unmöglichkeit.

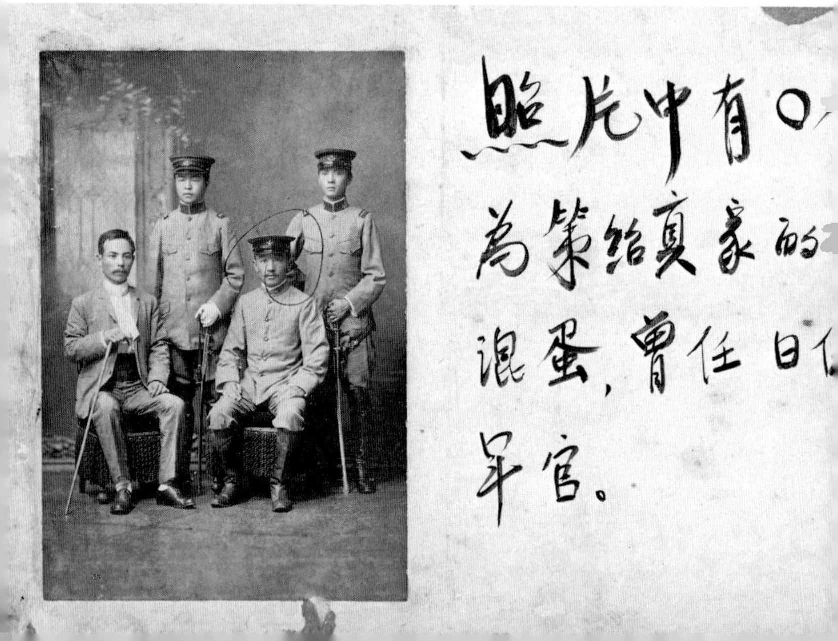

In der Deutschen Schule in Peking (oben: Ce Shaozhen unterste Reihe, Mitte).
Linke Seite: Ce Shaozhen als Kind.

Oben: Beim Eishockey mit deutschen Mitschülern, Hirschberg in Schlesien 1931.
Links: Als junger Mann in Peking, 1934.
Rechte Seite: »dolce far niente«, Peking Ende der dreißiger Jahre.

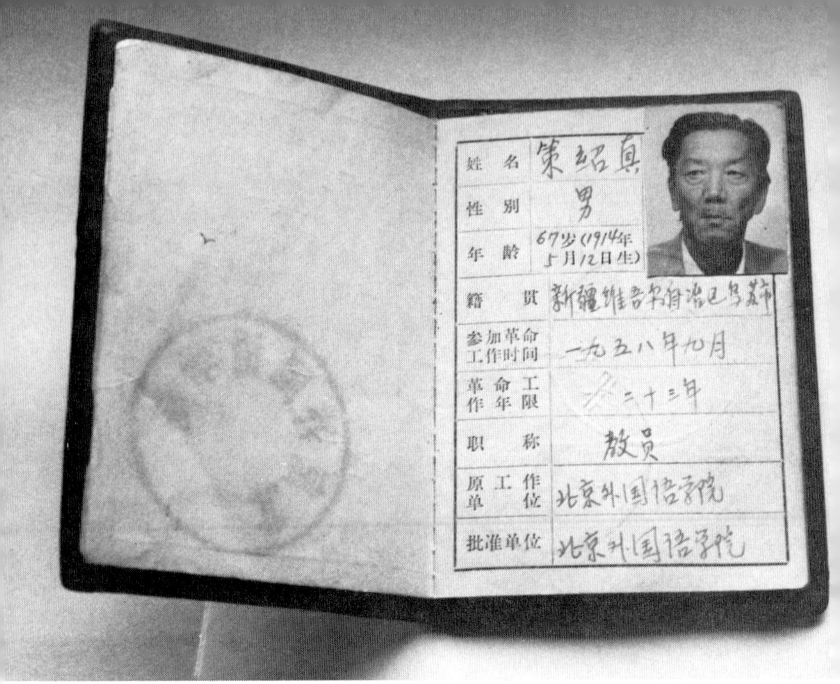

Oben: Ausweis, ausgestellt 1981.
Unten: Mit ehemaligen Studenten des Instituts für Diplomatie, Peking.

natürlich nichts anderes übrig, als sie auszuwählen und mir ihr Klagelied anzuhören: Wie tief sie auf einmal gesunken sei, man müsse sich das einmal vorstellen, sie in der zweiten Kategorie. Aber »oben« wären die Geschäfte nicht so gut gegangen. Kaum Kunden, aber natürlich viele Ausgaben. Sie wisse nicht, warum sie ihren Besuchern auf einmal nicht mehr gefallen habe. Als ich gehen wollte, ließ ich eine fünf-Yuan-Note auf dem Tisch liegen. Sie gab sie mir zurück und erklärte, daß er, der Lokalbesitzer, ihr ohnehin die Hälfte wegnehmen würde. Ich solle ihr einen Yuan geben und für den Rest des Geldes ein Essen bestellen, sie habe schon lange Zeit nichts Anständiges mehr gegessen.
Ich gab ihr einen Silberyuan und bestellte uns ein Essen für zwei Yuan. Ich sah zu, wie sie gierig die Gerichte verschlang. Als sie fertig war, sagte sie, daß es ihr sehr leid täte, aber daß sie mich heute nicht bei sich behalten könne; sie habe jetzt... Ich erwiderte, daß ich das verstehen könne, und steckte ihr die restlichen beiden Yuan in die Tasche.
Ein zweites Mal habe ich sie nicht mehr aufgesucht.
Nun kommen wir zur ersten Kategorie. Sie hieß »Xiaoban«, zu Deutsch »Kleine Gesangsklasse« (daher die englische Bezeichnung »Sing-song-girl«). Hier gab es einen Unterschied zwischen den Lokalen mit nordchinesischen und denen mit südchinesischen Mädchen. Beide hatten verschiedene Sitten und Gebräuche. Wie gesagt, es handelte sich beileibe nicht um Bordelle, sondern nur um »Gesangsschulen«. Kein Besucher dachte gleich beim ersten Mal daran, eine Nacht dort zu verbringen; das wäre ja eine Beleidigung für das Mädchen gewesen. Die Prozedur war vielmehr folgende: Der Neuling, der allein oder mit Freunden gekommen war,

wurde, wie ich oben erzählt habe, von einem »Diener« in einer leeres Zimmer geführt. Der Diener hob dann den Türvorhang, und die Mädchen gingen vor der Tür vorbei, wobei der Diener ihre Namen nannte. Gefielen sie dem Besucher nicht, konnte er das Lokal verlassen und zu einem anderen gehen, genauso, wie ein Kunde einen Laden verläßt, wenn ihm die angebotene Ware nicht paßt. Gefiel ihm ein Mädchen, führte sie ihn (und seine Freunde) in ihr Zimmer. Tee und Zigaretten, manchmal auch Obst wurden serviert und – das ist die Hauptsache – ein Teller Melonenkerne.

Ach, alter Ce, hör doch auf! Melonenkerne sollen die Hauptsache gewesen sein? Du hast wohl von deinem Wodka-Antipas, den du so gepriesen hast, zuviel getrunken. Oder hältst du uns für Narren? Man geht doch nicht der Melonenkerne wegen in ein Freudenhaus.

Moment bitte! Ich werde es euch genau erklären: Tee, Zigaretten und alles andere wurden umsonst angeboten; nur die Melonenkerne mußte man bezahlen, denn das Geld, das man beim Weggehen auf den Tisch legte, hieß in der Fachsprache »Teller-Geld«. Theoretisch hat man also nur für die verzehrten Melonenkerne bezahlt.

Wenn der Kunde das Mädchen ausgesucht hatte, hieß er von diesem Moment an in der Fachsprache »Gast« und seine Kumpane »Freunde«. Nur der Gast hatte das Recht oder, wenn man so will, die Pflicht, Teller-Geld zu zahlen. Ich bin ein paarmal als »Freund« zu den Mädchen gegangen, um ihnen Briefe oder Geschenke ihrer »Gäste« zu bringen. Tee und Zigaretten wurden serviert, aber keine Melonenkerne.

Bei Tee und manchmal Bonbons wurde zwar geplaudert und gescherzt, aber – anders als in europäisch geführten Lokalen – nichts getrunken (ein Chinese trinkt nur beim

Essen). Zugegen waren bei solchen geselligen Abenden immer die Matronen und ein paar sehr junge Mädchen, die sich an den Gesprächen beteiligten. Die jungen Mädchen waren anwesend, um das Gewerbe zu erlernen. Der Tarif für so einen Abend war zwei Yuan, wenn der Gast großzügig war, fünf Yuan.

Eine Sache muß betont werden: Ein Freund blieb immer nur ein Freund. Es ist vorgekommen, daß er später allein zu dem Mädchen ging und Annäherungsversuche machte: da wurde er dann mit den Worten: »Sie sind doch ein Freund; wie kann ich Sie empfangen!« zurückgewiesen.

Nach ein paar Besuchen war die Zeit reif, die angeknüpfte Freundschaft zu vertiefen. Der Gast mußte in dem Lokal ein Diner geben, dazu gab es genügend Anlässe. Im Frühling das »Fischessen«, im Sommer das »Fächerkaufen«, im Winter das »Absteigen vom Wagen« (das heißt: das Mädchen hatte angeblich Neujahrsferien gehabt und sei gerade zurückgekehrt).

Bei dieser Gelegenheit lud der Gast seine Freunde ein, an dem Gastmahl teilzunehmen und bei Gesang und Wein einen fröhlichen Abend zu verbringen. Diese Festessen waren nicht teurer als in guten Restaurants auch, aber man mußte große Trinkgelder an die Dienerschaft verteilen.

Erst wenn der Gast diese Pflichtübungen hinter sich hatte, nahm die Matrone irgend etwas zum Vorwand, um ihn zum Bleiben für die Nacht aufzufordern. Zum Beispiel: »Es fängt an zu regnen; wie können Sie bei so einem Wetter nach Hause fahren; ruhen Sie sich bei uns aus.« Die Taxe betrug dann zehn Yuan. War dieser erste Schritt getan, brauchte der Gast solche Zeremonien später nur noch ab und zu über sich ergehen zu lassen.

War das Mädchen noch eine Jungfrau, verlangte die Matrone eine Extrasumme, die manchmal recht hoch war. (Nebenbei bemerkt: In Geldsachen war es immer die Matrone, die den Mund aufmachte; das Mädchen selbst sprach nie von Geld.) Die Trinkgelder waren natürlich auch entsprechend höher. Wenn sie verteilt wurden, schickte die Dienerschaft einen Vertreter, um das »Ehepaar« zu beglückwünschen. Ich habe mir von verschiedenen Seiten erzählen lassen, daß in alten Zeiten das Mädchen den Gast am Morgen in Trauerkleidung zur Tür geleitete. Sie waren ja nun ein »Ehepaar«, wenn auch nur für eine einzige Nacht; nun ging er fort, und sie war eine »Witwe« geworden.

In den Freudenhäusern aus dem Süden war das Ritual beinah dasselbe. Nur waren hier Veranstaltungen wie »Fischessen«, »Fächergeld« und so weiter unbekannt. Statt dessen gab es jeden Monat etwas, was sie »den Laden aufmachen« nannten, bei dem der Gast ein Essen geben und Trinkgelder austeilen mußte, wenn er die Freundschaft enger gestalten wollte.

Da die Frauen aus dem Süden, besonders aus Suzhou, den Ruf hatten, schöner und eleganter zu sein, waren auch diese Lokale etwas vornehmer. Diese Einstellung rührte allein von dem Umstand her, daß die hohen Pekinger Beamten der damaligen Zeit meistens Südchinesen waren; sie zogen es vor, mit ihren Heimatgenossinnen zu verkehren. Die Tarife waren dieselben wie in den Nordlokalen.

Zu den Pflichten innerhalb des Lokals kamen für die Mädchen noch andere hinzu. Wenn ein reicher Mann ein großes Essen gab, konnten er und seine Gäste sich ihre Lieblinge holen lassen. Das hieß »Zettel schreiben«. Man schrieb auf einen Coupon den Namen des Mädchens und den des Lokals. Sie kam mit ihrem Geigenspieler, setzte sich zu ihrem »Gast« (nicht neben ihn an den Tisch, sondern ein wenig nach hinten) und beteiligte sich an der Unterhaltung. Wenn man es verlangte, sang sie Arien aus der Peking-Oper. Ihr Beruf war ja der einer Sängerin und hatte natürlich auch seinen Preis.

Hier muß etwas erwähnt werden: Häufig hatte ein Mädchen gleichzeitig mehrere »Gäste«. In solch einem Fall war die Arbeit recht ermüdend für sie, und für den »Gast« enttäuschend. Die Gäste befanden sich in verschiedenen Zimmern, und sie lief von einem Zimmer ins andere, um die Gäste und deren Freunde zu bewirten, die ungeduldig auf sie warteten. Geschäft ist eben Geschäft. Je mehr Kunden, desto höher das Einkommen. Die Einnahmen wurden fifty-fifty zwischen dem Besitzer und den Mädchen geteilt. Dafür konnten sie und die Matronen kostenlos im Lokal wohnen. Auch wenn sie keine Riesensummen verdienten, führten einige dieser Mädchen in ihrer Jugend ein angenehmes Leben. Der Mehrzahl glückte es jedoch nur, sich so gerade über Wasser zu halten. Leider gab es auch viele, die mehr ausgaben als sie einnahmen. Sie mußten sich dann eine Existenzmöglichkeit in den niedrigeren Kategorien suchen. Die meisten waren von den Matronen gekaufte Sklavinnen. Sie besaßen nichts. Ihr ganzer Erwerb ging an die Herrin, die sie beköstigte und bekleidete. Sie mußten sich jedem hingeben, den die Matrone für sie bestimmte. Wurden sie gefoltert, wenn sie sich nicht fügten? Die Frage muß leider bejaht werden. Sie hießen die »Unfreien«, denn sie waren Besitz der Matrone.

Eine andere Gruppe, die »Freien«, betrieben ihr Gewerbe aus eigenem Antrieb, um sich und ihre Familien zu ernähren, waren frei, also keine Sklavinnen.

Der Traum aller dieser Mädchen war die Heirat. Manchen ging er in Erfüllung. Für eine Freie war es einfacher: sie gab ihren Beruf auf und heiratete einen kleinen Händler oder einen Handwerker. Manchmal wurde sie auch die Konkubine eines reichen Mannes. Die Unfreie hatte es dagegen viel schwerer. Der Mann, der sie liebte, mußte sie »erlösen«, das heißt ihrer Herrin eine Summe zahlen, die natürlich in keinem Verhältnis zum ursprünglichen »Einkaufspreis« stand, besonders wenn es um ein schönes und junges Mädchen ging. Es kam oft vor, daß die Matrone zweitausend Yuan für ein Mädchen verlangte, für das sie nur fünfzig ausgegeben hatte – kein schlechtes Geschäft.

Die glücklichen »Unfreien«, die einen Käufer fanden, wurden Nebenfrauen meist eines begüterten Mannes. Ein Handwerker, der im Jahr kaum seine zweihundert Yuan verdiente, konnte sich einen solchen Luxus schwerlich leisten. Ich kenne viele hohe Beamte der damaligen Zeit, die sich auf diese Weise eine Nebenfrau anschafften. Manche von diesen Mädchen haben eine recht beneidenswerte soziale Stellung erlangt.

Das Los der anderen, die keinen Mann finden konnten, kann man sich ausmalen! In diesem Beruf altert eine Frau schnell. Sagen wir, sie fängt mit sechzehn Jahren an, mit dreißig ist es dann aus. Ein Freudenmädchen von vierzig Jahren, unvorstellbar, das wäre einem Hoffmannschen Gespenst gleichgekommen! Mit fünfundzwanzig Jahren geht es bergab. Man wurde Dienstmädchen der Herrin, und das hieß noch Glück haben.

Wie ich schon erwähnte, waren die Mädchen bei der Polizei registriert. Nominell durften sie diesen Beruf ausüben, wenn sie sechzehn Jahre alt waren; sie mußten vorher nur erklären, daß sie es aus freien Stücken taten.

Aber da spielte der berühmte Squeeze die entscheidende Rolle. Der des Lesens Unkundigen wurde ein Schriftstück vorgelegt, und sie setzte ihren Fingerabdruck darauf. Fertig war die Prozedur; sie bekam ihre Nummer und ihre Karte.

Die hygienische Kontrolle lief auch nicht ohne Squeeze ab. Die Mädchen – natürlich nicht die Jungfrauen – mußten sich monatlich oder wöchentlich von einem polizeilich bestellten Arzt untersuchen lassen. Wer kein Schmiergeld zahlte, konnte, zumindest für eine gewisse Zeit, den Beruf nicht ausüben. Die merkwürdige Folge davon war, daß man nie ein venerisch erkranktes Mädchen antraf, obgleich viele Männer sich diese Krankheit holten. Wie überall auf der Welt bewirkte auch hier Schmiergeld Wunder.

Eine andere Polizeikontrolle galt den Kunden, damit sich ja kein böses – ich meine politisch böses – Element in den Lokalen herumtrieb. Ein Diener hob den Vorhang und rief: »Kontrolle«. Mehrere Polizisten warfen einen Blick ins Zimmer und gingen zur nächsten Tür weiter. Ich habe immer den Spürsinn dieser Polizisten bewundert. Sie konnten mit einem Blick erkennen, ob man politisch einwandfrei war oder nicht! Schade, daß sie ihr Können nicht an die nächste Generation von Polizisten weitergegeben haben!

Wer übernachten wollte, mußte sich ins Gästebuch eintragen. Kein Mensch schrieb seinen wirklichen Namen hin, sondern einfach »Erwin Schulze, Bahnhofstraße 11«. Nie hat sich die Polizei darüber gewundert, daß alle Kunden Erwin Schulze hießen. Die einzige Erklärung ist die, daß das Lokal der Polizei tüchtig Squeeze zahlte. Jedenfalls waren die »Acht großen Straßen« für die Polizei acht große Goldminen.

Hier endet meine Beschreibung dieses Viertels. Nur drei Begebenheiten möchte ich noch erzählen. Die erste stammt aus der Zeit, als ich noch ein Baby war, und ist allen alten Chinesen bekannt.

1915, als sich der Präsident Yuan Shikai zum Kaiser Chinas ausrufen lassen wollte, war Cai E sein größter und gefährlichster Widersacher.[1] Yuan ließ ihn beschatten. Cai spielte den Bohemien, war tagein tagaus bei Xiao Fengxian, der »kleinen Phönix-Fee«, einer Kurtisane der »Acht großen Straßen«. Cai machte ihr Geschenke, schlief sehr oft bei ihr, so daß sich Frau Cai schließlich bei Yuan Shikai über das liederliche Leben ihres Mannes beklagte. Die Berichte der Geheimagenten besagten außerdem, daß Cai in das Mädchen vernarrt und er eine politische Null geworden sei. Yuan ließ die Überwachung lockern. Diese Gelegenheit nutzte Cai, um aus der Stadt und in den Süden zu fliehen und von dort aus den Anti-Yuan-Aufstand zu organisieren, der den Sturz und letztendlich den Tod Yuan Shikais zur Folge hatte.

Es wurde gesagt, daß die »kleine Phönix-Fee« mit zum Komplott gehörte; jedenfalls hatte sie Cai geholfen, aus Peking zu fliehen.

Die beiden anderen Geschichten betreffen zwei Freudenmädchen, die ich gekannt habe, die eine als »Freund«, die andere als »Gast«. Fangen wir mit der ersten an:

1. Yuan Shikai (1859-1916) wurde 1912 Sun Yat-sens Nachfolger als Präsident der jungen chinesischen Republik. Um seine eigenen Machtinteressen durchzusetzen, ließ er die Guomindang jedoch bald verbieten und versuchte, eine »konstitutionelle Monarchie« einzuführen. 1915 setzte er sich selbst als Kaiser ein, wurde jedoch durch einen von Cai E (1882–1916) geführten Zusammenschluß mehrerer Provinzgouverneure zum Abdanken gezwungen.

Sie gehörte zu den »Freien« und arbeitete in einem Süd-Lokal, obgleich sie eine Nordchinesin war. Sie war verheiratet, ihr Mann ein Rikschakuli. Sie hat mir einmal gesagt: »Ich kann weder lesen noch schreiben, kann nichts. Mein Mann verdient kaum etwas, und ich habe noch zwei jüngere Brüder, die ich versorgen muß. Ich will unbedingt, daß sie die Mittelschule absolvieren; so brauchen sie später keine Rikschas zu ziehen. Deshalb arbeite ich in diesem Bordell.«
Später erfuhr ich, daß sich ihre Hoffnung erfüllt hatte; sie gab dann ihren Beruf auf und lebte glücklich mit ihrem Mann zusammen.
Die andere hieß »Duftende Schwester«. Sie war die Tochter des Bordellinhabers, also eine »Freie«, zumal die Matrone die zweite Frau ihres Vaters war. Ihre Stellung im Lokal erlaubte es ihr, sich nicht an die Regeln des Etablissements zu halten. Wir waren anderthalb Jahre miteinander befreundet. Jedesmal, wenn ich sie besuchen kam, wusch sie sich die Schminke ab, zog sich Kleider aus einfachem Tuch an und empfing keine »Gäste« mehr. Selbst wenn einer kam, ließ sie sich entschuldigen, und wir plauderten bis spät in die Nacht.
Einmal sagte sie mir: »Ich bin eine Jungfrau. Wenn ich heirate, werde ich in einer Sänfte in das Haus meines Mannes getragen werden« – damit war gemeint: als Hauptfrau. »Das ist mein fester Entschluß.« Später hat sie auch einen Mann gefunden, ich glaube einen kleinen Beamten.
1947 trafen wir uns in einem Park wieder, tranken Tee und unterhielten uns über die vergangenen Jahre. Sie war älter geworden, aber noch frisch und schön. Sie sagte mir, als ich sie nach ihrem Mann fragte: »Mein Mann ist ein guter Mensch. Er kann sich natürlich nicht mit dir

messen, aber er ist ein guter Mensch. Ich bin und bleibe ihm treu. Wie gerne hätte ich dich geheiratet; ich wäre dir eine gute Frau gewesen. Aber vorbei ist vorbei. Wir wollen uns nicht mehr wiedersehen.« Als ich ihre Worte hörte, fühlte ich mich als der Schuldigere.
Wie soll man diese drei Frauen bezeichnen? Etwa als Huren?

Andere Bordelle

Natürlich gab es noch weitere Bordelle außerhalb der »Acht großen Straßen«. Das bekannteste war das »Weiße Haus«, westlich vom Xizhimen-Tor. Es war ein Bordell niedrigster Klasse. Nur Kulis und junge Handwerker besuchten es. Dort wurden weder Tee noch Zigaretten angeboten.
Ich wollte aus Neugierde auch einmal hin, aber man riet mir dringendst davon ab. Mein Informant sagte mir, daß es dort zu gefährlich sei. Zuerst würde man von den Damen einfach ins Zimmer hineingezerrt. Nach dem Hauptakt kämen andere Damen herein, die einem die Taschen durchwühlten. Alles, Uhr, Portemonnaie und so weiter würden als Erinnerungsstücke einbehalten, und der Galan hinausgeschmissen. Ein ähnliches Lokal gab es noch außerhalb des Hatamen-Tores. Es hieß »Huanghualou« (Gelber Pavillon).
Wenn man vom Hatamen nach Osten ging, gelangte man an einen Ort, der Fanziping hieß. Dort gab es ein paar Bordelle, die nur von Soldaten der Gesandtschaftswachen aufgesucht wurden; die meisten waren US-Marines. Man konnte dort weit und breit keinen Chinesen sehen, da es ziemlich wüst zuging. Es waren Bordelle

im europäischen Sinn, wo feste getrunken, gesungen und gehurt wurde. Auch andere europäische Soldaten gingen wie gesagt dorthin, aber nicht einzeln, denn dann wurden sie regelmäßig von den Marines tüchtig verprügelt. Die Mädchen waren ausnahmslos Chinesinnen, aber ich weiß nicht, ob sie einen Schein besaßen. Ich glaube, die Häuser waren bei der Polizei als Cafés registriert, selbstverständlich mit Hilfe des allmächtigen Squeeze, der im Fall einer Razzia die Türen verschlossen hielt.

Knaben als Frauen

Päderastie hat auch in China ihre Anhänger, wenn auch nicht so viele wie im Nahen Orient.

Meine Mutter hat mir einmal erzählt, daß es zu ihrer Zeit junge Knaben gegeben habe, die am Fuß der Gelben Mauer saßen (das war die Mauer um die Tatarenstadt Pekings) und ihre Reize feilboten. Sie erzählte mir ferner, daß mein Vater sie einmal in ein regelrechtes Knabenbordell mitgenommen hätte; sie beide hätten es vorher nicht für möglich gehalten, daß Männer auch Knaben lieben könnten.

Die Knaben seien gut gekleidet und schön geschminkt gewesen. Ihr Benehmen hätte ihrer weiblichen Konkurrenz in nichts nachgestanden.

Wo diese Häuser lagen, weiß ich nicht; zu meiner Zeit waren sie schon verschwunden, aber von anderer Seite habe ich erfahren, daß auch sie sich außerhalb des Qianmen-Tors befanden.

Wilde Hühner und geheime Häuser

Das Eigenschaftswort »wild« hat im Chinesischen oft die Bedeutung »nicht amtlich«, »illegal«. »Wilde Hühner« waren eben nicht registrierte Freudenmädchen. Seit der Befreiung sind derartige kapitalistische Erscheinungen, die für die gesellschaftliche Unterdrückung der Frau typisch sind, nicht mehr vorhanden.

Damals traf man sie auf der Straße, in den Parks oder in Vergnügungslokalen. Man wurde von ihnen angesprochen, und wenn man gewillt war, stieg man mit ihnen in einem Hotel ab. In den Hotels, selbst im Grand Hotel de Pékin, konnte man, wenn man den Kellner gut kannte, jederzeit ein Zimmer bekommen und sich durch ihn eine »Henne« holen lassen. Sie gaben immer an, aus gutem Hause zu kommen. Nur unvorhergesehenes finanzielles Mißgeschick habe sie gezwungen, vorübergehend diesen Beruf auszuüben. Welcher Familie stößt nicht einmal ein unerwartetes Unglück zu?

Man gab ihr zehn Yuan für die Nacht, wovon der Kellner seine sechzig bis siebzig Prozent erhielt. Nachdem man eine Nacht mit einer solchen Schönheit zusammen war, wurde man sehr oft Patient einer Heilanstalt für venerische Krankheiten.

Taxi-Girls und Billard-Mädchen

Taxi-Girls waren junge Chinesinnen oder ältliche Weißrussinnen, die in den Dancing Halls – nicht in Hotels – gegen Bezahlung mit den Gästen tanzten, das weibliche Gegenstück zu den Eintänzern der dreißiger Jahre in Deutschland.

Drei Tänze kosteten einen Yuan. Man kaufte sich die Tanztickets an der Bar oder ließ sie sich durch den Ober besorgen.
Wenn man interessiert war, konnte man das Mädchen an den Tisch bitten. Als Minimum mußte man ihnen dort einen Cocktail – ein Gemisch von Fruchtsaft und Wasser – bestellen. Wollen Sie mehr ausgeben? Dann lassen Sie eine Flasche »Sekt« öffnen – in diesem Fall Fruchtsaft mit Selterswasser gemischt, die Flasche für zehn Yuan. Von den Tanzkarten und Getränken bekam das Mädchen fünfzig Prozent.
Konnte man sie mit nach Hause oder in ein Hotel nehmen? Die Dancing Hall machte gegen Mitternacht zu. Was die Mädchen danach taten, war ihre Sache.
Vor der Befreiung gab es in Peking sehr viele Billardsäle. Meistens ging man mit einigen Bekannten dorthin, um ein paar Stunden zu spielen und sich bei Tee zu unterhalten – Alkohol wurde nicht serviert. War man allein dort, konnte man sich einen männlichen Berufsspieler mieten, der einem die Feinheiten des Spiels beibrachte. Am Ende des Spiels bezahlte man dreißig oder vierzig Fen und gab außerdem ein Trinkgeld (die Berufsspieler waren vom Lokal fest engagiert).
Mit der Zeit konnte man auch weibliche Spieler mieten. Sich mit ihnen zu unterhalten, war viel interessanter. Aber es dauerte natürlich nicht lang, bis das Billardspiel nur noch ein Vorwand für anderen Zeitvertreib war. Auch Leute, die sich gar nicht dafür interessierten, wurden eifrige Spieler. Nur ernsthafte Spieler lehnten weibliche Partnerinnen grundsätzlich ab.
Die Mädchen bekamen ein festes Gehalt; sie mußten in dem Etablissement essen und in einem Dormitorium des Lokals wohnen – das war Vorschrift der Polizei.

Die Rolle der Warlords in China

Die Herrscher von eigenen Gnaden

Um die komplizierte politische Situation Chinas in den zwanziger bis in die vierziger Jahre hinein ein wenig anschaulich zu machen, möchte ich von einem bedeutenden Machtfaktor der Zeit berichten, den sogenannten Warlords. Weil ich mit den Herren der Nordprovinzen durch geographische Nähe besser vertraut war, möchte ich mich in meinen Erzählungen auch auf die Gebiete des Nordens beschränken.

Das englische Wort »warlord« wird im Deutschen oft mit dem Wort »Militarist« wiedergegeben. Militarist ist gemeinhin jemand, besonders ein Politiker, der für den Krieg ist, politische und wirtschaftliche Fragen durch Waffengewalt lösen möchte. Der chinesische Warlord dagegen war ein lokaler Despot, der mit Hilfe seiner Truppen eine oder mehrere Provinzen besetzt hielt und von der Zentralregierung praktisch unabhängig war. Die Warlords hatten ihr eigenes Militär und ihre eigene Zivilverwaltung. Manche gingen so weit, durch die Provinz-Banken eigenes Papiergeld in Umlauf zu setzen.

Mit dem Sturz des Kaiserreiches hatten sich verschiedene Heerführer zwar nominell der Zentralverwaltung unterworfen, sich aber in Wirklichkeit selbständig gemacht, die meisten mit der Unterstützung der großen imperialistischen Mächte. Manche von ihnen waren ganz einfache Banditenführer, die genug Räuber befeh-

ligten. Die damalige Zentralregierung konnte nichts gegen sie ausrichten; sie war selbst viel zu schwach.
Wir wollen diese Herrschaften einmal vorstellen. Zuerst will ich bemerken, daß ich recht wenige von ihnen gekannt habe, und daß das meiste, was ich niederschreibe, vom Hörensagen stammt. Wir fangen geographisch mit dem Nordosten Chinas an; das ist das Gebiet, das die Ausländer die Mandschurei nennen.

Zhang Zuolin: Vom Banditenführer zum Generalissimo

Zur Zeit des Kaiserreichs wurde die Mandschurei von Räuberbanden unsicher gemacht, die man hong huzi (deutsch »Rotbärte«) nannte. Einer der Banditenführer, Zhang Zuolin, wurde so mächtig, daß der kaiserliche Gouverneur gezwungen war, ihn und seine Bande in die Regierungstruppen einzureihen.
Zhang bekam den Titel eines Generals. Nach dem Sturz der Monarchie wurde er unumschränkter Herrscher der drei Nordost-Provinzen. Er kam mit Hilfe der Japaner an die Macht, die großes Interesse an ihm hatten. Er sollte für sie mit ihrer Hilfe (in Form von Ausrüstung, Instrukteuren usw.) regieren und ihnen dafür bedeutende wirtschaftliche Vorteile einräumen. Man denke etwa an die Südmandschurische Eisenbahn, die fast die ganze Wirtschaft des Landes beherrschte.
Marschall Zhang hatte jedoch höhere Ziele, als nur über die Mandschurei zu gebieten. Zweimal fiel er in Nordchina ein, besetzte Peking, nannte sich »Generalissimo« und wollte ganz China erobern. Dabei hatte er kein

Glück; der Nordfeldzug der vereinten Kräfte der Kommunistischen Partei Chinas und der Guomindang hatte begonnen. Seine Truppen und die seiner verbündeten Warlords wurden geschlagen.
Ihm blieb nichts übrig, als sich eiligst in seine Heimat zurückzuziehen. Den Japanern war er schon als Sieger unangenehm geworden; er war nicht gefügig genug gewesen, und jetzt als Geschlagener? Warum nicht einen anderen, z. B. seinen Sohn oder seinen Generalstabschef für sich gewinnen und so eine unabhängige Mandschurei schaffen? Das war der Grund, weshalb der damalige japanische Oberst Doihara das berühmte Bombenattentat von Mukden (1928) inszenierte, dem Zhang Zuolin zum Opfer fiel.

Yan Xishan: Der Muster-Gouverneur

Wir setzen unsere Reise fort und kommen in die Provinz Shansi. Hier regierte Yan Xishan. Ich weiß nicht, aus welchem Grunde er den Titel »Muster-Gouverneur« trug, jedenfalls nannte ihn die ausländische Presse so. In der Revolution von 1912 stürzte er die kaiserliche Provinzregierung und machte sich zum Alleinherrscher. 1928 konnte Chiang Kai-shek nicht umhin, ihn als Gouverneur der Provinz anzuerkennen, da seine Kräfte nicht ausreichten, in dieses gebirgige Land vorzustoßen; er hatte wohl auch anderswo noch genug zu tun. Von Yan Xishan weiß ich nur folgendes: Außer seiner Privatarmee besaß er eine private Geheimpolizei, die sowohl die Kommunisten als auch die Guomindang bekämpfte. Rücksichtslos ging sie gegen beide vor. Wie soll man sie nennen? GPP (Geheime Provinzial-Polizei)?

Yan stand mit deutschen Handelsfirmen in guter Beziehung. Er ließ durch die deutsche Baugesellschaft Basel & Frey, Peking, ein Arsenal in seiner Hauptstadt Taiyuan bauen und durch die große Import- und Exportfirma Carlowitz & Co ausrüsten. Kein Wunder, daß er bei den Deutschen ziemlich beliebt war. Gute Geschäfte schaffen gute Freunde.
Während der japanischen Aggression war er zwar auf der Seite von Chiang Kai-shek, unterhielt aber dessenungeachtet herzliche, wenn auch etwas verstohlene Beziehungen zu den Japanern. Ein hoher Beamter der Marionettenregierung von Nordchina, Herr Su Diwen, war sein Verbindungsmann bei den Japanern. Nach der Kapitulation Japans flog Herr Su zu ihm und blieb unbestraft. 1950 oder 51 erfuhr ich, daß Su in Japan seinen Wohnsitz aufgeschlagen und die Millionen von US-Dollars des Muster-Gouverneurs dort investiert hatte.
1948, als die Volksbefreiungsarmee seine Hauptstadt belagerte, ließ Yen einerseits durch die CAT (Civilian Air Transport) des amerikanischen Generals Claire Chennault Ausrüstungen und Lebensmittel abwerfen, andererseits rüstete er seine japanischen Kriegsgefangenen aus, um seine Hauptstadt zu verteidigen. All dies half ihm jedoch nicht. Am Ende war er gezwungen, seine Hauptstadt und seine Untergebenen im Stich zu lassen und mit einem Flugzeug das Weite zu suchen.

Ma Bufang: Einer der »Fünf Pferde«

Das war die populäre Bezeichnung für die fünf mohammedanischen Warlords im Nordwesten Chinas; sie hießen nämlich alle Ma (zu deutsch: »Pferd«). In der Zeit, als ich mich dort aufhielt, waren nur noch zwei »Pferde« übrig: General Ma Honggui in der Provinz Ningxia und General Ma Bufang in der Provinz Qinghai. Alle beide hatten ihren Militärrang von ihren Vätern geerbt. Das verwundert Sie? Warum soll der Generalrang nicht erblich sein, der Königstitel ist doch auch erblich. »Le roi est mort, vive le roi!«

Über Ma Bufang habe ich einiges von den deutschen Missionaren des SVD gehört. Einige der interessantesten Einzelheiten möchte ich hier festhalten.

Nach der Kapitulation Japans im Jahre 1945 reisten viele Deutsche in die Provinz Qinghai, die meisten wohl, um sich der bevorstehenden Repatriierung zu entziehen. Sehr viele von ihnen kamen wieder nach Peking zurück. Sie waren begeistert von Ma Bufang. Die Straßen von Xining, der Provinzhauptstadt, seien sauber, die Beamten höflich, es gebe keine Bettler, keine Diebe, die Preise seien stabil – ein wahrlich krasser Unterschied zwischen Xining und dem von der Guomindang direkt verwalteten Lanzhou. Es gebe keine Inflation – damals begann tatsächlich die Inflation in den Guomindang-Gebieten – es herrschte Ordnung; dafür sorgte General Ma. Alles gehe nach preußischem Muster zu usw. Es fehlte eigentlich nur noch, daß die Herren behaupteten, die Beamten dort seien alle arischer Abstammung!

Also auf nach Preußisch-Xining! Ich kam zuerst in Lanzho an und wohnte einige Zeit dort. Die Herren hatten recht. Schmutzig waren die Straßen; Bettler standen an jeder Straßenecke. Die Lichtversorgung war derart, daß die klugen Amerikaner 110-Volt-Glühbirnen bei sich hatten, und diese, wenn die Netzspannung nicht mehr ausreichte, einschraubten; sonst hätte man Kerzen anzünden müssen, wenn man schreiben oder lesen wollte. Und dann die Inflation! Die groß ausposaunte Goldyuan-Note war bald nicht mehr wert als das Papier, auf dem sie gedruckt war. Offen mit Silberdollars zu handeln, war strengstens verboten, obgleich der einfache Polizist die Sache nicht allzu ernst nahm.

Ich reiste bald nach Xining. Es war tatsächlich ein krasser Unterschied. Meine deutschen Informanten hatten mich nicht falsch unterrichtet.

An der Grenze – bitte sehr: Provinzgrenze, nicht Staatsgrenze – war die Kontrolle strenger als 1930 an der Grenze zwischen der UdSSR und Polen bei Negoreloye. »Bist du Parteimitglied?« Ich dachte, der Beamte verdächtige mich, ein Kommunist zu sein. Aber er wollte lediglich wissen, ob ich Guomindang-Mitglied sei. Das mußte registriert werden. Den Grund habe ich später von den Patres erfahren.

Nach der Kontrolle ging alles glatt. Die Straße war, wenn auch nicht asphaltiert, so doch gut geebnet. Nachmittags kam unser Bus in Xining an. Gleich beim Aussteigen wurden mir meine Papiere von der Polizei abgenommen; mit meinem Reisegefährten wurde ich dann im Kunlun-Gasthaus einquartiert. Bald kam Herr Ma, ein Beamter der Provinzregierung, zu uns. Er händigte mir meine Papiere wieder aus und erklärte, daß wir Gäste des Gouverneurs seien. Ich habe in diesem Gasthaus dann einige Zeit gewohnt und keinen Groschen ausgegeben. Die Bedienung war sehr gut, das Essen einfach, aber wohlschmeckend. Ein echtes Freundschafts-Gasthaus im wahrsten Sinne des Wortes. Gleich am Abend ging ich zu den deutschen Patres und erfuhr dann nach und nach beim Weintrinken Dinge, die mich in Erstaunen versetzten.

Ma Bufang hatte seine Macht von seinem Vater geerbt.

Er trat als Patriarch der Mohammedaner und nicht als Beamter der Regierung auf; seine Gewalt über die Bevölkerung war uneingeschränkt.
Die Patres erzählten mir, daß die Nanjing-Regierung hier nichts zu sagen habe, obwohl Guomindang-Flaggen gehißt werden würden und es sogar Parteidienststellen gebe. Sporadisch habe Chiang Kai-shek seine Agenten hierher geschickt; sie seien aber alle spurlos verschwunden.
Als ich von der tadellos gehaltenen Straße sprach, haben die Patres tüchtig gelacht. Einer von ihnen sagte: »Die Straße, von der Sie sprechen, ist die Autostraße von hier nach Lanzhou. Nur Autos dürfen darauf fahren. Wer besitzt hier außer Ma und der Postverwaltung einen Wagen? Kein Wunder, daß sie gut erhalten bleibt. Pferdewagen haben die ihnen zugewiesenen Pfade, und wehe, wenn sie sich auf der Autostraße sehen lassen.«
Als ich von der Begeisterung der Deutschen in Peking sprach, wurde Bischof Haberstroh so heiter, daß er die zweite Flasche öffnete. Lachend erzählte er mir, was es mit diesen Besuchern auf sich hatte. »Wenn jemand, ich meine ein Ausländer, hier ankommt, wird er sofort in einem der beiden Gasthäuser des Generals untergebracht. Er bekommt einen Betreuer, und eine Woche lang werden ihm die Sehenswürdigkeiten Xinings gezeigt. Am ersten oder zweiten Tag wird er vom General Ma empfangen, dann beginnt die Besichtigung: die Moschee, die Mittelschule, die Mädchenschule, das Hospital und ein paar kleine Fabriken. Selbstverständlich erfolgt noch ein Abstecher in das tibetanische Kloster Kumbum, vielleicht auch eine Autotour bis nach Koku Nor. Diese Besichtigungen dauern fünf bis sechs Tage; dann ist es die höchste Zeit, die Rückreise nach

Lanzhou anzutreten. Seine Zeit als willkommener Gast ist abgelaufen. Er hat keinen Pfennig ausgegeben und alles gesehen, was man ihm zeigen wollte.«
Weiter erfuhr ich, daß in dieser kapitalistischen Provinz nur ein einziger Kapitalist lebte, eben Ma Bufang. Alles gehört ihm, die paar kleinen Fabriken und die Huangyuan Gesellschaft, die Wolle, Salz (wichtige Ausfuhr) und andere Produkte exportierte. Selbstverständlich gab es kleine Ladenbesitzer, aber die fielen nicht weiter ins Gewicht.
Pater Paul Cvick, ein Deutscher polnischer Abstammung, sagte mir dann: »Wissen Sie, wie Ma seine Arbeiter in den Fabriken entlohnt? Diese Provinz ist reich an Salzvorkommen. Salz wird gewonnen und an die umliegenden Provinzen verkauft. Dieser Handel wird von der Provinz, d. h. von Ma Bufang betrieben. Die Arbeiter werden mit Salz entlohnt und zwar zum Marktpreis. Um zu leben, muß der arme Bursche dann sein Salz wieder zu einem viel niedrigeren Preis an die Regierung verkaufen. Von Salz allein wird man nicht satt.«
»Ich habe gehört, daß es hier keine Bettler gibt, auch keine Blinde. Wie hat man das gemacht?« Meine Frage löste große Heiterkeit aus; die dritte Flasche wurde geöffnet. Pater Cvick sagte: »Bettler gibt es hier nicht, weil Betteln streng verboten ist, Blinde gibt es auch nicht. Sie befinden sind alle in einem Kohlenbergwerk ganz in der Nähe. Alle Blinden werden dort hingetrieben, um in den Schächten zu arbeiten. So kann sich Ma sogar die Beleuchtungskosten sparen.«
Wie Ma Bufang auf diese geniale Idee kam, die Blindenfrage in seiner Provinz zu lösen, kann ich mir nicht erklären. Provinzgouverneure, Staatsoberhäupter sind eben gescheiter als wir einfachen Bürger. Man hat doch eine

Rassenfrage mit noch drastischeren Methoden zu lösen versucht.
Jetzt eine kleine Abschweifung: Damals wohnte in Xining eine alte ausländische Dame, ich glaube, sie war Amerikanerin. Als UNO-Vertreterin für Gesundheitswesen belieferte sie Ma Bufang mit UNO-Hilfsgütern. Ich weiß nicht, ob sie etwas von den Blinden in dem Bergwerk wußte. Sie war aber begeistert von Ma. Ein kleiner Provinzgouverneur hat eben auch seine Verehrerin. Diese Dame sagte mir: »You see the difference between Xining and Lanzhou? There are no beggars nor blind people here.«
Als ich fragte, was für Zeitungen es hier gebe, nannte der Bischof den Namen eines Guomindang-Blattes. Also hatte die Guomindang doch etwas zu sagen! Sehr schnell korrigierte man meinen Irrtum: Zwar sei dieses Blatt das Organ der lokalen Guomindang, doch das ZK der Partei in Nanking habe in der Redaktion dieser Zeitung ebensowenig zu sagen wie im Redaktionsbüro der Reuters News Agency in London. Die Mitglieder der lokalen Partei seien ohne Ausnahmen Anhänger von Ma Bufang.
Pater Cvick fügte hinzu: »Wenn der Name eines Gastes oder eines hier Ansässigen mit abfälligen Bemerkungen in der Zeitung erscheint, ist es höchste Zeit, abzureisen.«
Das hielt ich denn doch für übertrieben; ich glaubte ihm nicht. Als ich nach einer Reise ins Innere des Landes nach Xining zurückkam, fragte ich nach dem dort ansässigen amerikanischen Missionar. Die Patres sagten, er sei abgereist; die Zeitung habe seinen Namen genannt. Oh, du Macht der öffentlichen Meinung!
Wie stand es mit der Landbevölkerung? Die Antwort war: Die Bauern waren völlig verarmt und rückständig,

die Steuern unerträglich hoch. Die besten Arbeitskräfte wurden in die Armee gepreßt.
Von der Unwissenheit und Rückständigkeit der Bauern konnte ich mich selbst einmal vergewissern: Es war Frühling in Xining. Wir fuhren mit einem Auto in die Umgebung, um die schöne Landschaft zu genießen. Als wir zurückkamen, hielt das Auto vor einem Gasthaus; wir stiegen aus. Ein alter Bauer kam heran, bückte sich und beobachtete sehr aufmerksam den Rahmen des Fahrzeuges. Er murmelte etwas, was ich nicht verstand. Pater Cvick, der den hiesigen Dialekt verstand, brach in schallendes Gelächter aus. Er sagte uns: »Wissen Sie, was der Alte sagt? Er sagt, daß er beim besten Willen nicht erkennen kann, ob es ein Männchen oder ein Weibchen ist!«
Für diesen armen Bauern war jedes Ding, das sich fortbewegen konnte, entweder ein Reit- oder ein Zugtier, mußte also ein Geschlecht haben. Unser Wagen war kastriert!
Mit diesen Informationen ausgerüstet, kehrte ich ins Gasthaus zurück. Die SVD-Patres schienen die Wahrheit gesagt zu haben, aber hatten sie nicht trotzdem ein wenig übertrieben? Nicht im geringsten. Wie sich herausstellte, kam der Betreuer uns abholen, und wir haben alle die Sehenswürdigkeiten, Mädchenschule usw., die auf dem Programm standen, besichtigt.
Die Patres hatten richtig prophezeit, nur eine Besichtigung hatten sie nicht vorausgeahnt:
Unser Betreuer führte uns eines Tages zum Hospital. Wir schauten uns das Gebäude, die Einrichtung, das Sprechzimmer an, in dem gerade ein Arzt einem Kranken den Puls fühlte, und, nicht zu vergessen, die modernen Medikamente und Instrumente, die unsere Amerikanerin

von der UNO bekommen hatte. Dann führte man uns durch einen Korridor zu einer verschlossenen Tür. Unser Betreuer ging hinein, nach einer Weile öffnete er die Tür und sagte: »Das ist der Operationssaal; man ist gerade dabei, einen Eingriff vorzunehmen.« Wir wollten nicht hinein. »Aber machen Sie doch keine Umstände. Sie sind Gäste des Gouverneurs.« Wir traten ein. Auf dem Operationstisch lag der Patient; Chirurgen und Krankenschwester standen um ihn herum.

Dem Patienten hatte man schon den Bauch aufgeschnitten. »Es wird gerade eine Leberoperation durchgeführt«, erklärte uns der Betreuer. So kam es, daß wir in Straßenanzügen, so wie wir waren und ohne uns vorher gesäubert zu haben, einer chirurgischen Operation beiwohnen durften. Selbst Staatsoberhäuptern erweist man eine solche Ehre nicht. Ich weiß nicht, ob unsere angelsächsische Dame von dieser Besichtigung etwas erfahren hat, und was sie dazu gesagt hätte, hätte sie es erfahren.

Schon in Lanzhou hatte mir der deutsche Pater L. Senge einiges über Ma Bufang erzählt. Er sagte, daß es in der Provinz Berge gebe, die mit großen Wäldern, richtigen Urwäldern, bedeckt seien. Ma habe große Teile dieser Wälder gerodet, die prächtigen Bäume verkauft und damit riesige Profite erzielt. Als ich fragte, ob Ma auch Opiumhandel treibe, antwortete er: »Wer macht das hier nicht.«

Nun sind wir am Ende unserer Reise. Wir sind in Urumqi in Sinkiang angekommen. Von den Warlords, die dort geherrscht haben, kann ich auch einiges erzählen.

Yang Zengxin: Der alte Patriarch

Als das Kaiserreich gestürzt war, verließen die meisten hohen Mandarine das Land. Nur einer unter ihnen, Yang Zengxin, blieb zurück. Die Zentralregierung in Peking konnte nichts anderes tun, als ihn zum Gouverneur der Provinz Sinkiang zu ernennen, zumal er auf die 200 000 Unzen Silber, die das Kaiserreich jährlich der Provinzialregierung zahlte, verzichtete.

Yang, aus Yunnan gebürtig, war ein Mandarin der alten Schule, ein überzeugter Konfuzianist. Er hat bis zu seinem Tod das Land in der feudalen Ethik des Konfuzianismus als Patriarch regiert.

Die Zentralregierung war viel zu schwach; die verschiedenen Warlords bekriegten sich im Inneren des Landes; niemand konnte sich um das weit entfernte Sinkiang kümmern. Der Nachbarstaat Rußland, zunächst in den Ersten Weltkrieg verwickelt, mußte dann die Revolution, die Wirren des Bürgerkrieges und die schwere Nachkriegszeit durchmachen. Für Rußland war daher an eine Intervention nicht zu denken. Das gab Yang die gute Gelegenheit, als Alleinherrscher seine Provinz zu verwalten. Wie war seine Herrschaft? Natürlich eine feudalistische, aber mir wurde von verschiedener Seite gesagt, daß die Einwohner Yang Zengxin zwar fürchteten, daß aber keiner ihn haßte. Es herrschte Frieden im Land, und wenn man die konfuzianische Moral nicht verletzte, geschah einem nichts. Zu seinen Gunsten sprach weiter, daß er – da er von keiner Seite bedroht war – auch niemanden bedrohen konnte. Deshalb waren die Militärausgaben der Provinz minimal, was der Bevölkerung zugute kam. Wie jeder weiß, sind Militärausgaben die unproduktivsten Investitionen, die man sich vorstel-

len kann. Ein Brite, der ehemalige Generalkonsul in Kashgar, bemerkte einmal, würde man in Sinkiang ein Plebiszit halten und fragen, wer der beste Gouverneur gewesen sei, ein jeder sagen würde: der alte Yang.
Nach seiner Machtergreifung schickte Chiang Kai-shek einen gewissen Herrn Fan nach Urumqi – natürlich nicht offiziell. Als Herr Fan das Vertrauen Yangs gewonnen und eine gewisse Position in der Provinzialregierung erreicht hatte, ermordete er Yang bei passender Gelegenheit. Man schrieb das Jahr 1928.

Jin Shuren: Der dümmste Gouverneur

Chiang und Fan hatten sich jedoch verrechnet. Die Macht fiel nicht ihnen zu, sondern dem Generalsekretär Yangs, einem gewissen Jin Shuren. Als er von der Ermordung Yangs erfuhr, war das erste, was er tat, sich des Amtssiegels zu bemächtigen und es nicht mehr herauszurücken. So hoch war das Ansehen eines Bronzesiegels, so eingewurzelt die feudal-konfuzianischen Ideen, daß man gezwungen war, Jin als Gouverneur anzuerkennen. Die Nanjing-Regierung konnte nicht anders, als sich dem fait accompli zu beugen.
Verglichen mit seinem ehemaligen Chef war dieser Generalsekretär politisch und auch moralisch eine Null. Über ihn waren einige Anekdoten im Umlauf. Lassen Sie mich zwei davon erzählen:
Wie jeder weiß, unternahm die französische Autofabrik Citroën 1930 eine Expedition mit Halbraupenschleppern nach Zentralasien, die berühmte »croisière jaune«. Eine Gruppe unter G. M. Haardt, dem Leiter der Expedition, startete von Beirut aus, durchquerte den Irak, Iran,

das damalige Britisch-Indien, und kam über den Hindukusch nach Urumqi. Eine andere Gruppe unter dem Leutnant zur See Victor Point startete von Peking aus, durchquerte die Wüste Gobi und traf dann in Urumqi auf die andere Gruppe.
Da fühlte sich der Gouverneur bedroht. Was, hatte dieser Franzose etwa die Absicht, ihn mit seinen Raupenschleppern und Pistolen zu stürzen und sich selbst zum Gouverneur zu machen? Er wollte die Franzosen entwaffnen. Vergeblich erklärte man ihm, daß es eine rein wissenschaftliche Expedition sei, die Waffen seien lediglich Taschenpistolen zur Selbstverteidigung. Warum war dann aber die »andere Expedition« – gemeint ist Sven Hedin – ohne Raupenschlepper und Pistolen gekommen (sie hatten Pistolen besessen, sie nur nicht offen getragen)? Er ließ die Franzosen sofort entwaffnen; nur Haardt weigerte sich, seine Pistole abzugeben.
Bei einem Diner, das der Gouverneur zu Ehren der Expedition gab, fragte er Haardt sehr höflich, ob er einmal seine moderne Pistole bewundern könne. Arglos reichte Haardt ihm die Waffe. Jin steckte sie in seine Tasche, und damit war auch die Entwaffnung Haardts vollzogen.
Eine alte Dame erzählte folgendes: 1930/31 war sie in Urumqi und wurde dort sehr gastlich empfangen. Ihr Sohn stand mit ihr in Briefwechsel. Er schrieb ihr einmal einen Brief, dem er ein Gruppenphoto beifügte, auf dem auch er abgebildet war. Eines Abends bei einem Diner unterhielt sich der Gouverneur mit der alten Dame und sagte: »Ich habe das Bild Ihres werten Sohns gesehen; er scheint ein sehr kluger junger Mann zu sein.«
Wenigstens war er ehrlich; andere Stellen hätten nie zugegeben, daß sie Briefe zensierten.

Die größte Dummheit, die Jin Shuren beging – sie führte auch seinen Sturz herbei –, war folgende: Ich glaube, es war 1929 oder 1930: Der uighurische Feudalherr von Hami starb kinderlos. Jin glaubte eine gute Gelegenheit gefunden zu haben, das Land des Verstorbenen zu verstaatlichen. Das sollte nicht etwa deswegen geschehen, weil er das feudalistische System beseitigen wollte, noch weniger, weil er Mitleid mit den armen Pächteruntertanen des Verstorbenen hatte. Was er wollte, war lediglich, das Land zu verstaatlichen, um dann für sich selbst noch höhere Pachtzinsen zu erzielen.
Bei den Uighuren kam es jedoch zu Unruhen, die zu guter Letzt in eine lokale Revolte ausarteten. Da schaltete sich der achtzehnjährige mohammedanische General Ma Zhongying (eines der »Fünf Pferde«) aus der Provinz Gansu ein. Er überfiel mit seiner Truppe Sinkiang; was folgte, war ein regelrechter Krieg.
Der »Ga Siling« (ungefähr: »Baby-Befehlshaber«) hatte natürlich ganz andere Ziele als nur seinen Glaubensbrüdern zur Hilfe zu eilen; er wollte die ganze Provinz für sich erobern. Seine Truppen stießen bis Urumqi vor, provozierten eine Palastrevolution, und unser Gouverneur Jin Shuren mußte fliehen.

Shen Shicai: Einsperren und hinrichten

Der Nachfolger Jin Shurens in Sinkiang wurde 1933 Sheng Shicai, der die Provinz neun Jahre lang mit sowjetischer Unterstützung regierte. 1943 wechselten seine Sympathien zur Guomindang, die ihn jedoch 1944 ihrerseits entthronte.
Wie Sheng Shicai die Provinz verwaltete, läßt sich am

besten anhand einer Frage darstellen, die lange nach seinem Sturz immer wieder gestellt wurde. Jedesmal, wenn sich zwei fremde Leute – ich rede nicht von Neuankömmlingen, sondern von alten Ansässigen – kennenlernten, fragten sie einander: »In welchem Gefängnis saßen Sie?« genau so, wie man woanders fragte: »Wo haben Sie studiert?«
Ein Bekannter erklärte mir, daß die meisten wohl für kürzere oder längere Zeit in den drei Gefängnissen Shengs gesessen hätten. Er sagte mir ferner, daß wohl 150 000 bis 200 000 Leute hingerichtet worden seien; die Gesamtbevölkerung der Provinz belief sich zu dieser Zeit auf ungefähr drei bis vier Millionen.

Tang Yuling: Der Opium-General

Herr Tang Yuling war ein kleiner Warlord; er konnte sich mit seinen großen Kollegen nicht messen. Zu meiner Zeit war er Gouverneur der Provinz Jehol, die eine Tagesreise nördlich von Peking liegt. Man sagt, daß er ein Räuberhäuptling gewesen sei, und zwar unter dem berühmten Marschall Zhang Zuolin aus der Mandschurei. Von ihm weiß man keine Konkubinen- oder andere Klatschgeschichten. Er hatte es nur durch den Opiumhandel zu einer gewissen Berühmtheit gebracht.
Damals, d. h. vor der Marco-Polo-Brücken-Affaire[1] von 1937, gab es keine Eisenbahnlinie zwischen Peking und Jehol. Täglich soll auf der Landstraße zwischen den bei-

1. Am 7. 7. 1937 provozierten die Japaner einen Schußwechsel an der Marco-Polo-Brücke (Lugou qiao), der zur Besetzung Pekings führte und den chinesisch-japanischen Krieg einleitete.

den Städten reger LKW-Verkehr geherrscht haben. Die versiegelten LKWs gehörten unserem General und enthielten angeblich Militärausrüstung, in Wirklichkeit aber Opium. Wem General Tang seine Ware verkaufte, ist mir nicht bekannt.
Als die Japaner 1931 die Mandschurei besetzten, schwankte der General eine Zeitlang zwischen der Guomindang und den Japanern. Schließlich wurde den Japanern das Abwarten zu zeitraubend. Sie griffen an. Tang, der immerhin an die zig-tausend Soldaten unter seinem Befehl hatte, mußte angesichts einiger Regimenter der Guandong-Armee Haus und Hof eiligst verlassen. Der französische Journalist Monsieur Nachbaur, der das »Journal de Pékin« herausgab, schrieb am nächsten Tag in seiner Zeitung: »Die Provinzhauptstadt wurde von sechs japanischen Soldaten unter der Führung des Feldwebels besetzt.«
Exzellenz Tang verstand sich wohl besser auf den Opiumhandel als auf die Kriegskunst. Das ist auch verzeihlich; man kann von niemandem verlangen, daß er alles kann. Tang war der allen Chinesen unter dem Namen »Opium-Gouverneur« bekannte Warlord im Norden. Andere, die denselben Namen verdienten, aber aus dem Süden kamen und jetzt anerkannte Persönlichkeiten sind, sollen hier nicht genannt werden.

Han Fuqu: Jedem Spieler einen Ball

General Han Fuqu war bis zur Besetzung Shandongs durch die Japaner unumschränkter Herr der Provinz. Als die Japaner ihn angriffen, floh er, ohne einen Schuß abgegeben zu haben, und überließ Provinz und Bevöl-

kerung dem Feind. Er wurde 1938 in Hankou standrechtlich erschossen.
In seiner Glanzzeit zeigte er seine Unabhängigkeit von der Zentralregierung dadurch, daß er die Transportzüge der Zentralarmee an der Grenze zu seiner Provinz versiegeln und die Siegelschnur beim Verlassen seiner Provinz abnehmen ließ.
Von ihm kenne ich nur eine Anekdote: Bei einem Fußballwettkampf der Studenten seiner Hauptstadt soll er dem Direktor des Schulamts, Herrn He, gesagt haben: »Warum läßt du die armen Jungen um einen einzigen Ball kämpfen, kauf doch jedem einen. Das kostet nicht viel, und der Streit ist beigelegt.«

Sun Tianying: Der »Erbe« der Kaiserin-Witwe

Sun Tianying war ein kleiner Warlord, eigentlich nicht erwähnenswert. Nur eine Heldentat hat ihn bei den Chinesen berühmt und bei den Curiosahändlern beliebt gemacht.
Die Kaiser und Kaiserinnen der Qing-Dynastie sind in den »Westlichen« und den »Östlichen Gräbern« begraben. Die Kaiserinwitwe Cixi hat ihre letzte Ruhestelle in den »Östlichen Gräbern«.
Ende der zwanziger Jahre war General Sun in der Gegend stationiert. Er nutzte die Gelegenheit, um das Grab der Cixi mit Dynamit aufzusprengen und die darin befindlichen Kleinodien in Besitz zu nehmen. Ohne Zweifel hat er sich daran sehr bereichert.
Einige Zeit nach dieser Heldentat gab es auf dem Markt reichlich viele Curiosa. Ausländische Curiosahändler wie z. B. der Amerikaner Mr. F. konnten für Museen in

New York, London und anderswo eine große Anzahl unschätzbarer Stücke erwerben.

Der »Christliche General« Feng Yuxiang[1] soll einmal zu Sun gesagt haben: »Du hast eine Tote rausgefegt, und ich den Lebendigen rausgeschmissen.« Eine Anspielung darauf, daß er es war, der 1924 den letzten Kaiser Pu Yi aus dem Kaiserpalast herausgejagt hatte.

Zhang Zongchang: Achtzig Silberdollar

Ein weiterer, immerhin bemerkenswerter Warlord war Zhang Zongchang, der in den 20er Jahren Gouverneur von Shandong war.

Von ihm ist zunächst zu berichten, daß er in den Jahren 1927/28 eine weißrussische Legion um sich sammelte, um gegen die vereinten Kräfte der Guomindang und der Kommunisten zu kämpfen.

Er wurde aber weder durch seine Kriegserfolge noch durch seinen Kampf gegen die Revolution bekannt, vielmehr durch seine Superiorität auf einem ganz anderen Gebiet. Möge der Leser eine Abschweifung, die zum Verständnis des folgenden unbedingt notwendig ist, entschuldigen:

Der Silberdollar oder -yuan war eine Silbermünze von ungefähr 3 mm Dicke und 40 mm Durchmesser. Nun kommen wir zurück zum Thema.

Unser General war ein großer Frauenfreund.

1. Feng Yuxiang (1882–1948), der 1914 der Methodistischen Kirche beigetreten war, beteiligte sich 1915 an der Rebellion gegen Yuan Shikai. 1924 war es Feng Yuxiang, der den letzten chinesischen Kaiser, Pu Yi, zwang, die Verbotene Stadt zu verlassen. Feng schloß sich 1926 der Guomindang an und galt als starker Kontrahent Chiang Kai-sheks.

Wieviele Frauen sich in seinem Harem befanden, konnte keiner sagen. General Jin, ein Freund meiner Mutter, der eine kurze Zeit lang unter ihm gedient hatte, sagte, daß Zhang Zongchang in seinem Hauptquartier an der vordersten Front zwanzig Konkubinen hatte. Seine robuste Natur erlaubte ihm, nicht nur jede Nacht zu lieben, sondern, wie es manchmal auf Medizinflaschen steht: »dreimal am Tag einen Eßlöffel voll«. Anatomisch war er allen anderen Männern bei weitem überlegen, darum trug er den Spitznamen »80 Silberdollar«. Also 80 x 0,3 = 24 cm – eine stattliche Größe!

Rekrutierung unter den Warlords

Es gab keine allgemeine Wehrpflicht. Freiwillig trat kein Chinese in die Armee, denn das Los des einfachen Soldaten war trostlos. »Aus gutem Eisen macht man keine Nägel; ein guter Mann wird nicht Soldat.« Man wird jetzt fragen, woher die Warlords ihre Söldner hatten. Durch Zwangsrekrutierung. Darüber ist so viel geschrieben worden, daß ich dem nichts hinzuzufügen habe. Nur zwei Beispiele erwähne ich hier:

Sommer 1949 reiste ich durch die Provinz Ningxia. Das Gebiet gehörte dem mohammedanischen Warlord Ma Hongkui. Eines Tages traf ich auf der Landstraße eine Kolonne von ungefähr zwanzig Personen, die Arme hinter dem Rücken gefesselt und miteinander durch ein Seil verbunden. Sie wurden von zwei Soldaten geführt. Ich dachte sofort an die von Cervantes geschilderte Episode, wo Don Quixote auf die Galeerensträflinge trifft. Aber das waren keine Sträflinge; es waren Rekruten.

Eine noch originellere Methode erfand ein Warlord in

Peking. Ich war noch ein Kind und ging eines Tages mit meinem Diener, Zhang Er, über einen Rummelplatz. Plötzlich entstand ein Tumult. Zwei junge Männer beschimpften und prügelten sich. Die Chinesen sind neugierig; bald sammelte sich eine große Menschenmenge um die beiden. Zhang Er sagte mir: »Gehen wir schnell weg, es ist hier nicht geheuer.« Auf dem Rückweg erklärte er mir: »Die beiden Kerls sind Rekrutierungsoffiziere. Sobald der Andrang groß genug ist, kommen Soldaten. Die Frauen und Kinder werden abgesondert und zurückgelassen, die Männer wandern in die Kaserne. Ihnen werden die nichts antun, aber ich will nicht Soldat werden, und wie können Sie ohne mich nach Hause zurückfinden.«
Da sagen die Imperialisten, die Chinesen seien nicht erfinderisch!

In unruhiger Zeit

ALS ICH 1942 das deutsche Nachrichtenbüro verließ, war die Stimmung noch passabel, das war vor Stalingrad. Danach bin ich nur noch sehr selten mit Deutschen zusammengekommen. Eine Ausnahme war mein Schulfreund Ernst, mit dem war ich bis 1946 jeden Tag zusammen, wir sind gemeinsam essen gegangen, und manchmal zu den galanten Damen außerhalb des Qianmen-Tores. Er lebte allein hier, als Vertreter des Scherl-Verlages, und wohnte in der Nähe des jetzigen Bahnhofes, ganz allein mit seinem Boy und einem Koch. Es war eine sehr schöne Zeit.

Und die Politik?

Die japanische Besetzung im Norden Chinas hat ja schon 1931 angefangen, nur hat man zu jener Zeit in Peking nichts davon gemerkt. Erst als die Japaner im Jahre 1937 die Stadt besetzten, konnte man die große Veränderung spüren. Es gab eine Verteuerung – ich will nicht sagen, Inflation – aber doch eine Verteuerung. Und dann war unangenehm: Die Japaner fühlten sich als Herren, und es kam immer wieder zu Schlägereien wegen ganz nichtiger Ursachen.

Die Verwaltung blieb ja chinesisch, aber natürlich unter japanischer Kontrolle. Im Norden hatte sich ja die »Nordchinesische Regierung«, eine Marionettenregierung, etabliert, Mandschukuo. Die wohlhabenden Chinesen gingen teilweise nach Süden, nach Chongqing[1], viele sind auch hiergeblieben. Einige haben

1. Nachdem die Japaner 1937 Nanjing bombardiert hatten, wurde die Hauptstadt der Guomindang-Regierung 1938–45 nach Chongqing in Sichuan verlegt.

mit den Japanern kollaboriert, um mehr Geld zu verdienen, einige, um ihr Vermögen zu schützen. Ich weiß von einem wichtigen Mann, einem Chinesen, der Mitglied eben dieser »Nordchinesischen Regierung« war. Er hieß Wang Yintai, hatte eine deutsche Frau und sechs Töchter. Die Töchter hatte er alle zur Deutschen Schule in Peking geschickt. Nach 1945 wurde er von der Guomindang als Kollaborateur zu lebenslanger Haft verurteilt. Nach der Befreiung wurde dieses Urteil von den Kommunisten bestätigt, ich habe mir sagen lassen, daß er in Shanghai im Gefängnis gestorben ist.

Unter den Japanern gab es sehr viel Korruption. Sie haben tonnenweise Rauschgift aus Nordchina ins Land gebracht. Dahinter steckte die berüchtigte Kempetai, die japanische Polizei. Die Ausländer in Peking haben sich neutral verhalten, selbst die Deutschen, die meisten waren prochinesisch.

1944 habe ich den Rektor der Furen-Universität, Professor Rahman, gebeten, mich als Deutschlehrer einzustellen – und er hat ja gesagt. Die meisten Lehrer an der Furen waren deutsche Patres. Sie gehörten zur »Societas Verbi Divini«, kurz »SVD«, es gab aber auch ein paar chinesische Professoren, die meist in Amerika studiert hatten.

Die Furen-Universität war nicht sehr groß, es hatten sich ungefähr fünfhundert Studenten eingeschrieben. Am Anfang wurde sie von den Amerikanern finanziert, aber nach Pearl Harbor war sie dann genötigt, Hilfe aus Deutschland zu erbitten. Sie war – man kann das schon sagen – eine selbständige Universität mit einer antijapanischen Färbung.

Es studierten dort Chinesen, Studenten und Studentinnen. Jeder Chinese, der nicht in einer »Marionettenhochschule« studieren wollte, der ging zur Furen. Die japanische Geheimpolizei hatte verschiedene Male der Lehrer Furen zur Kempetai gebracht, um antijapanischen Aktivitäten auf die Spur zu kommen. Die Studenten setzten häufig falsche Hoffnungen in die

Guomindang, sie dachten, sie sei die einzig legale Regierung. In der Japanerzeit wußte man schon, daß die Achte Armee der Kommunisten überall in den Bergen rund um Peking war, daß die Japaner im Kampf gegen die Kommunisten keine Aussicht auf Erfolg hatten. Nach 1945 war es so, daß besonders die jungen Leute, die Studenten, sehr mit den Kommunisten sympathisierten. Ich habe zwar gesagt, daß sehr viele Chinesen die Guomindang-Regierung als die einzig legale Regierung Chinas betrachteten, aber durch deren Auftreten in Peking nach 1945 war es aus mit diesem Traum. Die Einwohner von Peking waren enttäuscht. Ich traf verschiedene kleine Händler, die sagten, »die sind ja noch schlimmer als die Japaner«.

Die Studenten haben gegen den Bürgerkrieg demonstriert und auch gegen die Besetzung Pekings durch die Amerikaner, die ja mit dem Ende des Zweiten Weltkrieges, als Siegermacht, die Japaner ablösten. 1945 sind zuerst die US-Marines im Norden von China gelandet und haben ein paar wichtige Städte besetzt. Ich erinnere mich noch an einen Zwischenfall: Ein chinesisches Mädchen war von einem Mariner vergewaltigt worden, und alle Studenten gingen auf die Straße mit dem Ruf »Yankee go home!«

Die Amerikaner haben das Machtvakuum aufgefüllt, und was meiner Meinung nach noch viel wichtiger war: Sie haben die Truppen der Guomindang nach Nordchina und in den Nordosten transportiert, die hätten ohne amerikanische Hilfe das Land nie besetzen können.

Ein Ende des Bürgerkriegs und der Sieg der Kommunisten wäre wahrscheinlich schon vier Jahre früher möglich gewesen ...

1946 kam ein neuer Direktor an die Furen-Universität, ein Amerikaner. Die deutsche Abteilung wurde geschlossen und mein Vertrag nicht verlängert. Damit war ich wieder ohne Stelle. Der Bürgerkrieg machte sich jetzt schon sehr bemerkbar, wir hatten eine noch größere Inflation als während der Japaner-

zeit. Man hörte auch viele Gerüchte, denn die Zeitungen, die wir in Peking zu lesen bekamen, die waren natürlich hundertprozentig pro Guomindang. In den Zeitungen haben sie einen Sieg nach dem anderen errungen. Aber man merkte schon, daß die Soldaten nicht mehr so waren wie am Anfang, als sie in Peking einzogen. Ich hatte einen Freund, der Oberst in der Guomindang-Armee war, er hat mir selbstverständlich keine militärischen Geheimnisse verraten, aber aus seinen Andeutungen konnte man sehr leicht spüren, daß die Lage hoffnungslos war. Mein älterer Bruder wollte mir irgendwie eine Stellung beschaffen und fragte mich, ob ich nicht als Abgeordneter der sogenannten Nationalversammlung fungieren wolle. Ich habe zugesagt, ich war ja arbeitslos. Wir fuhren in die Stammheimat unserer Familie nach Urumqi, ich wurde quasi gewählt und reiste dann als Abgeordneter für den Nördlichen Teil von Sinkiang nach Nanjing (die Guomindang hatte ja 1945 ihre Hauptstadt wieder nach Nanjing zurückverlegt). Die Sachen, die die da trieben, haben mich überhaupt nicht gekümmert. Ich bin sehr oft nach Shanghai gefahren, um mich dort mit meinem Gehalt als Abgeordneter zu amüsieren. Wir waren ja alle bloß pro forma da, und ich diente lediglich dem Zweck, das Kontingent für Sinkiang auszuschöpfen.

Der Höhepunkt kam dann, als wir den Präsidenten zu wählen hatten, selbstverständlich stand der Name im voraus fest: Chiang Kai-shek. Bei den Vizepräsidenten gab es immerhin fünf Kandidaten. Nach der Wahl bekamen wir das Reisegeld, um wieder nach Hause zu fahren. Ich hätte eigentlich nach Urumqi fahren wollen, bin aber nach Peking, nach Hause gefahren.

Ich habe bis Ende 1948 wieder bei meiner Mutter gelebt. Dann war die Lage so, daß sich die Guomindang nicht mehr halten konnte. Ich wußte damals nichts von den Kommunisten und ihrer Politik – natürlich hatte ich große Angst. Ende 1948 flog

ich zuerst nach Shanghai, wo ich vergeblich eine Stellung suchte. In Shanghai waren die Tage der Guomindang aber auch schon gezählt. Nach Taiwan konnte ich nicht, weil ich keine Einreisegenehmigung erhielt, und im Grunde habe ich es auch nicht gewollt. Also beschloß ich, nach Sinkiang zu reisen, in der Hoffnung, irgendeine Regierungsstelle zu bekommen, ic war ja schließlich dort Abgeordneter. Ich bin bis Lanzhou in der Nordwestprovinz Gansu geflogen, dort haben mich die Patres von der Gesellschaft des Heiligen Wortes einer amerikanischen Import-Export-Gesellschaft vorgestellt, für die habe ich dann zwei bis drei Monate als Angestellter gearbeitet. Das ging zu Ende, weil die mich erstens sehr schlecht bezahlten und ich mich zweitens mit meinen chinesischen Kollegen nicht verstand. Dann traf ich einen Amerikaner, der nach Koku Nor und in die Berge von Tibet unterwegs war. Er sagte, er sei ein Reisender und wolle ein Buch schreiben – was er nie getan hat – und wissenschaftliche Forschungen anstellen ... Während der drei Monate, die wir zusammen unterwegs waren, habe ich ihn durchschaut, er war ein ganz gewöhnlicher Abenteurer. Aber es war ein schönes Abenteuer.
Nein, die Reise hat er nicht bezahlt! Die wurde von dem mohammedanischen Gouverneur von Qinghai, dem berühmten Ma Bufang bezahlt – ich weiß nicht warum, aber vielleicht hat ihm der Amerikaner versprochen, in Amerika für ihn Propaganda zu machen.
Von Lanzhou konnte man mit dem Auto nach Xining fahren. In Xining traf ich wieder deutsche Patres. Von dort aus mußten wir zu Pferd weiter. Wir hatten Zelte dabei, aber nur wenig Proviant, ein bißchen Mehl, ein bißchen Tee; hauptsächlich ernährten wir uns von der Jagd. Manchmal erlegten wir Kleinwild, zum Beispiel Hasen, aber vor allem die sogenannten wilden Esel. Auf dem Plateau lebten ganze Herden, fünf- bis sechshundert Stück, die haben sehr gut geschmeckt. Selbstverständlich

nach Wild, aber sie sahen gar nicht wie Esel, sondern eher wie Ponies aus. Abends zündeten wir ein Lagerfeuer an und kochten Tee. Unterwegs haben wir unsere Zigaretten, die wir reichlich dabei hatten, bei den tibetischen Hirten gegen Qingke eingetauscht. Qingke, das ist Höhengerste oder Berggerste, die wird geröstet und dann mit Butter vermischt; man kann, wenn man will, ein bißchen Salz oder Zucker dazutun; das Ganze heißt auf tibetisch Tsampa und schmeckt wunderbar. Wir hatten eine ziemlich große Begleitung dabei, etwa zwölf Männer, alles Mohammedaner. Wegen der Kälte waren wir alle tibetisch gekleidet – langer Rock, Pelzmütze.

Wir haben Höhenmessungen durchgeführt – meistens befanden wir uns über dreitausend Meter –, die Geräte haben wir uns in Lanzhou besorgt. Ich bildete mir ein, der Amerikaner sei ein zweiter Sven Hedin. Sympathisch war er nicht – er war fest davon überzeugt, daß der legendäre Baron von Ungern-Sternberg[1]*, seine ebenso legendären Schätze in Qinghai versteckt hatte. Die wollte er bergen, er glaubte fest daran.*

Landkarten besaßen wir nur ganz einfache, wir hatten aber gute Führer. Die höchste Stelle, die wir je erreichten, war viertausendachthundert Meter.

Als wir schließlich nach Lanzhou zurückkamen, trennte ich mich von dem Abenteurer. Dort spürte man schon, daß die Kommunisten in spätestens zwei bis drei Wochen die Stadt erobern würden. Ich habe sie das erste Mal in Chongqing erlebt, wohin ich geflogen war, weil mein jüngerer Bruder damals dort

1. Baron von Ungern-Sternberg aus dem Baltikum befehligte während des russischen Bürgerkriegs an der russisch-mandschurischen Grenze eine Kosakenarmee, mit der er nach Abzug der japanischen Interventionstruppen im Herbst 1920 in die Mongolei einmarschierte. 1921 besetzte er Ulan-Bator und ließ sich dort zum Herrscher der Mongolen proklamieren. Bereits Ende des Jahres wurde er von sowjetischen Truppen besiegt und wenig später hingerichtet.

lebte. Wir beide haben in einer kleinen chinesischen Hütte gemeinsam auf die Befreiung gewartet.
In Chongqing wurde nicht gekämpft, die Stadt wurde kampflos übergeben. Die Kommunisten marschierten in die Stadt ein, dann ging das Leben weiter wie früher. Die Jugend war begeistert, und die älteren Leute, die Kaufleute, haben sich bald mit der Befreiung abgefunden. Die wußten schon, daß es ihnen nicht schlimmer gehen konnte als unter der Guomindang.
Nach der Befreiung 1949 hat unsere Schwester es uns ermöglicht, nach Peking zurückzukommen. Sie schickte uns das Reisegeld für die Schiffsreise nach Hankou den Yangtse hinunter und für die Bahnfahrt weiter nach Peking.
Ich traf meine Mutter bei meiner Schwester an, denn mein Schwager, der Gaullist, war mittlerweile französischer Generalkonsul in Peking. Ich habe meine Mutter wieder in unser altes Haus gebracht, und von diesem Tag an habe ich Peking nicht mehr verlassen.

Ausländer in Peking

Das Amt für barbarische Angelegenheiten

Für den Chinesen gilt jeder Nicht-Chinese als nicht ebenbürtig. Er allein ist der Sohn des Reiches der Mitte; alle anderen Völker leben irgendwo an seiner Peripherie. Dieses Denken ist durch die uralte chinesische Zivilisation bedingt und nur von daher zu verstehen.

Noch während der Qing-Dynastie gab es ein »Amt für barbarische Angelegenheiten«, das Lifanyuan. Das Schriftzeichen »fan« bedeutet auf deutsch etwa fremd, barbarisch, aber auch Kolonie.

Die Würdenträger der Minoritäten, die nach Peking kamen, wurden alle durch dieses Amt geschleust, um die Hofetikette zu erlernen. Um den Kursus zu absolvieren, mußte gehörig Schmiergeld gezahlt werden. Hier stoßen wir wieder einmal auf den omnipotenten und omnipräsenten Squeeze.

Als die ersten europäischen Gesandten nach China kamen, mußten auch sie sich diese »Umerziehung« gefallen lassen.

Der britische Bevollmächtigte im Opiumhandel, Kapitän Elliot, kam nach Auffassung der chinesischen Regierung aus einem »Vasallenstaat namens Ying jili, um dem Kaiser Tribut zu überreichen«. Dieses grundlegende Mißverständnis zeigt sich sehr anschaulich in dem ersten Brief des Oberkommissars Lin Zexu in Kanton an Königin Victoria. Das pikanteste an der Geschichte ist

an der Geschichte ist jedoch, daß die damals herrschende Mandschu-Dynastie ebenfalls nichts weiter als eine »barbarische« Dynastie war.
Nach ihrem Sieg im Opiumkrieg 1842 drangen die Engländer auf Abschaffung der ungleichen Behandlung als tributpflichtige »Barbaren«. So sah sich die chinesische Regierung gezwungen, ein besonderes Amt, das »Zongli Waishi Yamen«, zu deutsch: »Amt für Auswärtige Angelegenheiten« einzurichten. Diese Amtsstelle wurde später das Auswärtige Amt der Regierung.

Die fremden Teufel

Ausländer wurden von den Chinesen »fremde Teufel« genannt. Einerseits waren sie den Chinesen nicht ebenbürtig, denn sie gehörten nicht zu den Einwohnern des »Reiches der Mitte«. Andererseits hatten die Ausländer auch nichts mit den »wilden« Barbarenstämmen der Grenzgebiete zu tun. Wie sollte man sie nur nennen? Also Teufel, denn nach ihrem Wuchs und Aussehen konnten sie keine normalen Menschen sein. Und fremd, weil sie nun einmal nicht nach China gehörten.
Diese armen Teufel wurden in drei hierarchische Gruppen eingeteilt. Erstens die weißen Teufel, zweitens die gelben Teufel, drittens die schwarzen Teufel.
Was hatten nun umgekehrt die weißen Teufel (und nur von ihnen wollen wir hier sprechen) für eine Einstellung gegenüber den Chinesen? Nicht besonders schmeichelhaft. Der weiße Teufel betrachtete sich einerseits als unendlich überlegen. Seine Industrie stellte Kanonen her, seine Flotte durchkreuzte die Meere, seine Armeen besetzten andere Länder, seine Religion brachte Erlö-

sung im Himmel, sein Geld Reichtum, sein Opium Wohlbehagen.
Ein Mann, der für soviel steht, muß auch würdevoll auftreten. Das ist Ehrensache. Aber würdevolles Auftreten ist anstrengend und wird manchmal zur Last.
Er hatte es tatsächlich nicht leicht, das zu tragen, was die Engländer »white man's burden« nannten. Zwar wurde er besser bezahlt, um würdevoller auftreten zu können. Dafür mußte er für seine Rikscha mehr bezahlen. Er durfte mit dem Kuli nicht feilschen. Er mußte sich täglich rasieren, täglich ein frisches Hemd anziehen, mehr »tips« geben und so weiter. Seine Frau und seine Töchter durften sich nicht mit »Natives« sehen lassen. Auf keinen Fall konnte er einen Eingeborenen in seinen Club einladen. Sein gesellschaftlicher Verkehr beschränkte sich auf den kleinen Kreis seiner ausländischen Bekannten, selbst wenn er sie nicht ausstehen konnte. In Eisenbahnzügen war er gezwungen, erster Klasse zu fahren, selbst wenn sein Geldbeutel ihm das eigentlich nicht gestattete. Eine Chinesin heiraten? Gott bewahre. Nur keine Mischehe, deren Nachkommen gelblich-weiß oder weißlich-gelb sein würden, »half-casts«, die man überall scheel anschaute. Für viele war es nicht einfach, sich an diese selbstgezogene Grenze zu halten, besonders für die, die ihr Herz an China verloren hatten und etwas von seiner uralten Kultur und Zivilisation ahnten.

Chinesisch für Ausländer

Wie wurden die Ausländer angeredet, wie bekamen sie ihren chinesischen Namen? In den meisten Fällen war es eine lautliche Wiedergabe des europäischen Namens.

Ein Herr Winterfeld würde mit Familiennamen »Wen« und mit Vornamen »te'erfeide« heißen. Aber von dieser Regel gab es Ausnahmen. Der berühmte Jesuit, der Anfang der Qing-Dynastie als Mathematiker am Chinesischen Kaiserhof tätig war, Adam Schall, hieß auf chinesisch »Tang«. Der berühmte Mongolist Antoine Mostaert hieß Pater »Tian«. Er erzählte mir einmal, wie er zu seinem Namen gekommen war: »Zu meiner Zeit, als wir jungen Missionare nach China kamen, ließ uns der Superior in Reih und Glied Aufstellung nehmen. In der Hand hielt er das *Baijiaxing,* das klassische Buch der hundert Familiennamen. Wir wurden nach der Reihenfolge der Namen in diesem Buch ›getauft‹. Ich bekam den Namen ›Tian‹.«
Der französische Pater Clement von der St.-Michaels-Kirche im Gesandtschaftsviertel war mit meinen Eltern befreundet. Er kam oft zu uns, um meine ältere Schwester zu bekehren – ich war dafür wohl noch etwas zu klein. Einmal lud er meine Eltern zu einer Messe in seiner Kirche ein. Er war sehr stolz auf seine chinesischen Sprachkenntnisse und hielt die Predigt immer auf Chinesisch. Anschließend kam er zu meinem Vater und fragte ihn, wie ihm seine Predigt gefallen habe. Mein Vater antwortete: »Sie müssen mich entschuldigen, ich verstehe kein Latein.«
Als kleines Kind spielte ich oft mit den Töchtern der Familie Arnoult. Monsieur war ein Franzose, der eine chinesische Frau geheiratet hatte. Er ein biederer Kaufmann, sie eine nette Dame, die mich mit Bonbons verwöhnte.
Sie hatten eine merkwürdige Angewohnheit: Der Mann sprach französisch und die Frau chinesisch. Ihre Unterhaltung verlief ungefähr so: Er auf Französisch: »Ich

habe heute Herrn Sowieso auf der Straße getroffen«. Sie auf Chinesisch: »Ich dachte, er wäre nach Shanghai verreist«, und so weiter. Dabei konnte er sehr gut Chinesisch und sie Französisch. Ohne lange Übung kann man eine derartige Konversation wohl nicht durchhalten.

Händler, Broker, Geschäftemacher

In den Seitenstraßen des Gesandtschaftsviertels hatte der Franzose Georges Nicolas seinen Krämerladen. Er verkaufte hauptsächlich Importspirituosen und -weine. Es war ein typischer Provinzladen Frankreichs, die Wände weiß und die Fenster hellblau – wenn er sie streichen ließ, was er aber aus Geiz fast nie tat. Nicolas blieb der sparsame, knausrige Provinzielle, der er schon gewesen sein mußte, als er nach Peking kam. Nie sah man ihn in einem Café, geschweige denn in einer Bar. Schäbig angezogen trottete er jeden Morgen zu Fuß zu seinem Laden, den er – ein seltener Anblick für einen Pekinger Ladenbesitzer – noch selbst aufschließen mußte. Er wohnte außerhalb des Gesandtschaftsviertels, wo es billiger war. Es hieß, daß er eine chinesische Frau hätte. Beim Konsulat war er allerdings als Junggeselle registriert. Von diesem Krämer behaupteten die Leute, daß er der reichste Europäer Pekings sei und schon über fünfhunderttausend US-Dollar gespart habe, alles im Ausland gut placiert.

Das Gelände des jetzigen hauptstädtischen Krankenhauses, das frühere Peking Union Medical College, gehörte ursprünglich einmal dem Prinzen Yu. Anfang der zwanziger Jahre kaufte das Rockefeller Institute ihm das Land ab. Den auf der anderen Seite der Hatamen-

Straße gelegenen Palast des Prinzen Yi wollte das Institut dazukaufen. Man bot dem Prinzen zweihunderttausend Silberdollar an. Aber der Prinz weigerte sich standhaft, seinen Ahnenpalast für so eine lächerliche Summe herzugeben. Da schaltete sich ein Lazarist ein. Eine prinzliche Familie muß selbstverständlich prinzlich leben. Dieser Familie fehlte es aber an Geld. Der Pater überredete den Prinzen, eine Anleihe bei den Lazaristen zu zeichnen. Nach sechs Jahren hatte der Prinz vierzigtausend Dollar erhalten, aber das Kapital plus Zinsen plus Zinseszinsen war auf eine Summe angeschwollen, die die Familie nie im Leben zurückzahlen konnte. Der Pater drohte nun mit einem Prozeß. Man einigte sich gütlich. Die Familie überließ ihren Palast den Lazaristen und erhielt dafür eine Entschädigung von zwanzigtausend Dollar. Der Pater hatte für dieses »business« nicht mehr als siebzigtausend Dollar ausgegeben.

Sonderbare Erscheinungen, die »Brokers« von Peking, nicht mehr als ein Dutzend Engländer, Amerikaner, Italiener und so fort. Sie kauften oder verkauften auf eigene oder auf Rechnung ihrer Kunden Aktien und Devisen und verdienten an den Prozenten. Solche Makler gibt es überall, aber die in Peking erkannte man an ihrer Angewohnheit, bei ihren Gängen von Bank zu Bank einen Landauer zu benutzen, auch dann noch, als sich schon niemand mehr in ihnen kutschieren ließ.

Es gab auch ausländische Curiosahändler. Ihre Kunden waren ebenfalls Ausländer. Curiosahändler zu werden war mehr als einfach. Man brauchte nicht viel Kapital dazu, einige rudimentäre Kenntnisse in der chinesischen Kunstgeschichte – die berühmte Ming-Vase – reichten aus. Angestellte waren überflüssig, ebenso eine Buchführung oder große Geschäftslokale. Die Curiosa bekam man von chinesischen Händlern. Man verkaufte sie mit fünfhundert bis achthundert Prozent Aufschlag weiter. Manche dieser Damen und Herren waren seriöse Händler, die geschäftliche Beziehungen zu Museen oder Privatsammlern im Ausland hatten. Viele wurden Curiosahändler, weil man einen Beruf ja haben mußte. Von einer deutschen Curiosahändlerin erzählte mir ein Journalist: »Editha hat nur ein Curiosum, und das verkauft sie immer wieder.«

In den »Boxer-Protokollen« von 1901, den Verträgen, die China mit den Westmächten schließen mußte, war allein den westlichen Missionsgesellschaften das Recht eingeräumt worden, Grundstücke zu besitzen, nicht aber anderen Ausländern. Wollte nun ein Ausländer in Peking ein Haus erwerben, mußte er erst einen Chinesen finden, der es unter seinem Namen kaufte. Der Chinese war der fiktive Besitzer, der Ausländer der wirkliche; das war allen bekannt, einschließlich der chinesischen Behörden.

Signor Varalda, ein italienischer Kaufmann, hatte sich auf diese Weise ein Haus zugelegt. Als die ausländischen Regierungen 1943 die »Exterritorialität« aufgaben, bestimmte die chinesische Regierung, daß alle Fremden ihre Häuser registrieren lassen sollten. Das geschah hauptsächlich aus steuerlichen Gründen.

Varalda gab als einziger Europäer seinen Besitz wahrheitsgemäß an, was sich für ihn schließlich auch auszahlte. Als er nach der Befreiung das Land verlassen mußte, kaufte ihm die Volksrepublik sein Haus ab und zahlte ihm das Geld in Devisen in Hongkong aus. Die anderen Ausländer, die von der Anordnung keine Notiz genommen hatten, gingen leer aus, als sie das gleiche Schicksal traf.

Quartier diplomatique

Das Gesandtschaftsviertel Pekings, das »Quartier diplomatique«, war das Stadtviertel, in dem vor 1900 die ausländischen Diplomaten wohnten, das Viertel, das beim Boxeraufstand vom alliierten Expeditionskorps belagert und nach der Niederwerfung der Rebellen an die Ausländer abgetreten wurde. Legal gehörte das Viertel nach wie vor zur Stadt Peking. Es handelte sich nicht um eine Konzession, wie es in Tianjin oder Shanghai der Fall war, sondern nur um einen Teil der Stadt, in dem ausländische Gesandtschaften, Banken, Clubs und Firmen ihren Sitz hatten.

Kein Chinese durfte in diesem Viertel Grund und Boden besitzen. Die Häuser ringsum wurden abgerissen und mußten einem Glacis Platz machen. Eine befestigte Mauer schloß das Gesandtschaftsviertel außerdem von der übrigen Stadt ab, und Soldaten der Gesandtschaftswachen bewachten die Eingänge.

Das Quartier diplomatique hatte seine eigene Verwaltung, die in den Händen der ausländischen Gesandtschaften, namentlich der Engländer, Amerikaner, Japaner und Franzosen lag. Kleinere Länder wie Spanien, Portugal oder Belgien hatten kaum ein Sagen. Das Quartier diplomatique besaß eigene Polizisten, ungefähr dreißig bis fünfzig arme, unbewaffnete chinesische Schlukker, die das Privileg besaßen, an Mütze und Gürtel das stolze Abzeichen »Q. D.« zu führen. Ihr Chef war früher ein Engländer, eben der »Slow Motion«, von dem ich noch erzählen werde. Nach 1937 mußte man die Stelle einem Japaner überlassen. Auch die Rikschakulis hatten an ihrem Wagen ein Kupferschild mit dem »Q. D.« Zugtiere wie sie brauchte man überall.

Es wird jetzt oft behauptet, daß kein Chinese in dieses Viertel hineindurfte. Das entspricht nicht den Tatsachen. Nur den Bettlern und Hausierern, auf die die Wache am Eingang ein Auge hatte, war der Zutritt verboten.
Eine besondere Erscheinung im Quartier diplomatique war Lady Bredon, die ich als Kind noch gekannt habe. Von ihr stammt die umfangreiche Beschreibung Pekings, die 1919 bei Kelly & Walsh in Shanghai erschienen ist. Sie war die Tochter des ersten Superintendenten des chinesischen Zollwesens, Sir Robert Hart, eine vornehme englische Lady der »High Society«. Schon über sechzig, fuhr sie jeden Tag in ihrem von zwei Pferden gezogenen Landauer durch die Straßen des Gesandtschaftsviertels. Auf dem Bock saßen zwei Kutscher in Livree, sie dazwischen, auf ihrem Schoß ein Peking-Hündchen. Manchmal ließ sie es auf der Straße neben dem Landauer herlaufen. Dann mußte der eine Kutscher absteigen und aufpassen, daß das Tier nicht von einem Auto überfahren wurde. Auf Parties ging sie sehr selten, dazu war sie wohl zu alt. Aber die Spazierfahrt im Landauer unternahm sie jeden Tag.

Ausländische Zeitungen in Peking

Schon zu meiner Kinderzeit gab es in Peking eine englischsprachige Tageszeitung: »The Peking Leader«. Ich glaube, sie wurde von einem Amerikaner herausgegeben. Zu ihrem Lesepublikum gehörten auch viele Chinesen. Später wurde sie in »The Peking Chronicle« und dann in »The Peiping Chronicle« umbenannt. Nach 1937 unter der japanischen Besetzung fungierte sie als Sprachrohr der Besatzer. Der damalige Chefredakteur war ein

Bekannter von mir, ein Deutscher mit einem chinesischen Paß, Alfred Wedekind.
Eine französische illustrierte Wochenzeitschrift hieß »Politique de Pékin«, bereits in der Qing-Dynastie gegründet und zu meiner Zeit von einem Monsieur Monestier herausgegeben. Sie brachte stets zahlreiche Photos prominenter Chinesen. Als Monestier nach der Befreiung in seine Heimat zurückkehren mußte, bestand die Regierung darauf, daß er seine Photosammlung zurückließ. Es gab darunter Bilder, die man sonst nirgendwo mehr bekommen konnte.
Herausgeber einer französischen Tageszeitung, »Journal de Pékin«, war Monsieur Albert Nachbaur, ein ehemaliger Chansonnier vom Montmartre, der sein Leben lang der joviale Bohémien blieb, der er war. Er besaß in den Westbergen, in der Nähe des »Tempels der Azurblauen Wolken«, eine Villa, in die er seine Freunde zum Weekend einlud. Nach dem Vorbild der »Commune libre de Montmartre« nannte er sie »Commune libre de Biyunsi«.
Nachbaur war es auch, der in den Jahren 1924/25 die ersten Fahrradrennen von Peking ausrichtete. Die Rennen starteten am Peking-Hotel. Zuerst ging es zum Sommerpalast, dann zu den Westbergen und von dort in einem großen Kreis zurück zum Peking-Hotel. Die Teilnehmer waren natürlich alle Chinesen, denn kein Ausländer hätte sich so weit erniedrigt, zusammen mit den »Natives« an einem Wettrennen teilzunehmen.
Der erste Preis war ein französisches Rennrad der Marke »Hirondelle« und einhundert Silberdollar, der zweite nur ein Hirondelle und der dritte nur einhundert Dollar. Das alles zahlte Nachbaur aus eigener Tasche, was für ihn jedesmal ein großer Aderlaß war. Die Rennen fanden

deswegen auch nur insgesamt dreimal statt, dann wurden sie eingestellt.
Für die Chinesen waren sie ein großes Ereignis. Ein Hirondelle-Rad war ein Luxus, und hundert Yuan kamen in der damaligen Zeit einem Vermögen gleich. Albert Nachbaur ist Anfang der dreißiger Jahre gestorben. Sein Sohn reiste aus Frankreich an, um die Zeitung weiterzuführen. Er war jedoch im Vergleich zu seinem Vater ein uninteressanter Mensch.

Marinekavallerie

Als Gesandtschafts- und spätere Botschaftswache hatten die Amerikaner ungefähr einhundertfünfzig bis zweihundert Marines in Peking stationiert. Sie waren mit Abstand die bestbezahlten Soldaten der Stadt, selbst die Briten konnten sich mit ihnen nicht messen, von den Franzosen ganz zu schweigen. Kein Wunder, daß sie willkommene Gäste in den Bars, Tanzlokalen und ganz besonders im Fanziping, dem Hurenlokal der Fremden, waren.
Einen weiteren Zeitvertreib dieser Marines will ich noch berichten: Die kleinen mongolischen Ponies waren damals nicht teuer, und die Amerikaner hatten Geld. So kaufte der Kommandant der Marines Ponies und organisierte eine berittene Abteilung. Man sah sie oft auf ihrem Glacis exerzieren. Es werden wohl die einzigen berittenen Soldaten der amerikanischen Flotte gewesen sein.

Paperhunt

Paperhunt, auf deutsch Schnitzeljagd, war ein beliebter Sport der wohlhabenen Ausländer, soweit sie Pferde besaßen. Man traf sich zu diesem Zeitvertreib in der westlichen Umgebung Pekings.
Berittene Diener wurden mit Papierschnitzeln vorausgeschickt. Die Meute folgte nach einer Weile nach; jeder suchte sich seinen Weg selbst. Wer zuerst am Ziel ankam, war Gewinner. Die Jagd ging über Stock und Stein, über Äcker und Felder. Um die armen Bauern kümmerte man sich dabei nicht, man war eben der weiße Gentleman.

Bumps im Gesandtschaftsviertel

In ihrem Gesandtschaftviertel wollten die Ausländer Ruhe und Stille haben; kein Verkehrslärm, kein Autohupen, kein Motorengeheul oder Rikschakuli-Geschrei. Alle fünfhundert oder sechshundert Meter wurden daher in den asphaltierten Straßen des Viertels kleine Höcker eingesetzt, die »bumps« hießen. Sie sollten verhindern, daß Kraftwagen schneller fuhren als es erlaubt war. Anlaß dafür soll gewesen sein, daß eines Tages das Auto des »Christlichen Generals« Feng Yuxiang mit hoher Geschwindigkeit durch die Marco-Polo-Straße fuhr. Ein Polizist gab das Haltezeichen. Der Chauffeur nahm keine Notiz davon. Ein zweiter stellte sich in den Weg. Der Chauffeur überfuhr ihn einfach, und der Polizist mußte schwerverletzt ins Krankenhaus geschafft werden. Dem »Christlichen General« und seinem Chauffeur war nichts geschehen. Vielleicht hatten sie aus Angst vor einem Attentat nicht angehalten.

Wieviel geben Sie für Getränke aus?

Wenn die großen ausländischen Firmen einen Europäer anstellten, den man von Europa oder Amerika hatte kommen lassen, also keine lokale Kraft, stellte man ihm die Frage, wieviel er monatlich für Zigarren und Getränke ausgebe. Sagte der Betreffende eine Summe, wurde sein Gehalt so festgelegt, daß er das Doppelte erhielt.

Englisch und Pidgin

Die internationale Sprache unter den Ausländern war Englisch. Nur mit Landsleuten sprach man seine eigene Sprache. Aber auch dann gebrauchte man immer noch eine Menge englischer Ausdrücke und Begriffe wie »flapper«, »Cash bezahlen«, »eine Party geben«, »shokking«, »society«, »Frau Soundso hat am Freitag ›at home‹« und so weiter.

Als »White Man« sprach man Englisch nur mit seinesgleichen, niemals mit den »Natives« der Firma oder des Haushalts. Mit ihnen sprach man nur Pidgin, ein verstümmeltes und entstelltes Englisch. Ein »Pony Girl« war zum Beispiel ein kleines Mädchen. Der Begriff Pidgin stammt ursprünglich vor dem englischen Wort »business«.

Oberschwester, Oberkellner, Obereunuchen hießen auf Pidgin-English: »Number One Sister«, »Number One Waiter«, »Number One Eunuch«. Im Haushalt eines Ausländers spielte der »Number One Boy« oder einfach »Number One« die entscheidende Rolle. Alle Dienstboten, vom Koch bis zum Gartenfeger, waren ihm unterstellt. Nur durch und über ihn erteilten der Hausherr oder die Hausherrin der Dienerschaft Befehle. Umgekehrt mußten sich auch die anderen Diener, wenn sie Bitten an ihren Herrn hatten, an ihn wenden. Mit der Herrschaft verständigte er sich auf Pidgin-English: Chinesisch konnten und wollten die meisten Europäer nicht sprechen. Die Number Ones waren sehr stolz auf ihre Stellung und prahlten: »Ich bin kein gewöhnlicher Diener, sondern Nummer eins bei Herrn Soundso.«

Briefbuch

Wenn gutgestellte Chinesen eine Einladung gaben, schickten sie einen Boten mit einem Bogen roten Papiers aus, auf denen die Namen der Gäste standen. Jeder Gast sollte wissen, wer bei dem Diner anwesend sein würde. Der Eingeladene schrieb hinter seinen Namen dann einfach: »Ja« oder »Nein«.

Auch die Ausländer freundeten sich mit diesem Brauch an. Allerdings taten sie es aus einem anderen Grund. Wer vornehm sein wollte, schickte seine Briefe oder Einladungskarten selten mit der Post. Er ließ sie durch einen Boten zum Adressaten bringen. Dieser war mit einem kartonierten Heft bewaffnet, in dem der Name des Empfängers verzeichnet war. Der unterschrieb und bestätigte den Empfang. Man tat es, um sicherzugehen, daß der Bote seinen Auftrag auch richtig ausführte.

I'd use Flit

Meine Schwester ging einmal mit einem Attaché der britischen Botschaft auf der Pekinger Stadtmauer spazieren. Es war der 12. Dezember 1935. Unzählige Studenten hatten sich an diesem Tag vor dem Bahnhof versammelt. Ihr Ziel war Nanjing. Dort wollten sie gegen die Regierung demonstrieren und sie zwingen, den Japanern gegenüber eine würdigere Haltung einzunehmen und es keinesfalls zu einem sogenannten selbständigen Nordchina unter japanischer Herrschaft kommen zu lassen. Die Polizei war außerstande, die vor dem Bahnhof versammelten Massen unter Kontrolle zu bringen – einer wirklichen Volksbewegung in China kann man nicht Einhalt gebieten.

Das Gedränge und Gewoge der Demonstranten konnte man von der Stadtmauer aus sehen. Meine Schwester fragte den Attaché, was er in einem solchen Fall tun würde. Seine Antwort war: »I would use Flit.« Flit war damals ein hochwertiges Insektenmittel gegen Fliegen und Mücken.

Dann fügte er noch hinzu, daß er chinesische Mädchen eigentlich sehr gern hätte, die Männer aber abstoßend fände.

Clubs, Hotel und Restaurants

In manchen verkehrten hauptsächlich nur Ausländer, aber auch Chinesen, wenn sie Geld hatten, ohne sich vorher registrieren zu lassen oder einen Personalausweis vorzuzeigen. Nur eine Ausnahme gab es.

Die Deutschen hatten ihren »Deutschen Club«, die Franzosen ihren »Cercle Français« und so weiter. Aber das war alles nichts gegen den »Peking-Club« in der Marco-Polo-Straße des Gesandtschaftsviertels. Seine Mitglieder bildeten die Aristokratie der Ausländer in Peking: Diplomaten, hohe Beamte der Zoll- und Gabellen-Administration, Bankdirektoren und so weiter. Einfache Angestellte und Kaufleute konnten in diesen Kreis der Privilegierten nicht eindringen, ganz zu schweigen von Chinesen oder Weißrussen, auch wenn sie reich und einflußreich waren.

Ein Anwärter mußte zwei Paten haben, Name und soziale Stellung wurden auf ein Blatt Papier geschrieben und in der Clubhalle den Mitgliedern bekanntgegeben. Nach einer Woche wurde abgestimmt. Jedes Mitglied bekam zwei Kugeln, eine weiße (Zustimmung) und eine schwarze (Ablehnung). Die Kugeln wurden in einen Kasten in der Halle geworfen. Die anschließende Zählung der weißen und schwarzen Kugeln hieß im Jargon der Mitglieder »Ballotage«. Der Club besaß in Paomachang, im Südwesten der Umgebung, eine Rennbahn, wo im Frühling und im Herbst Pferderennen veranstaltet wurden. Hier war jeder, ob Ausländer, Chinese oder Weißrusse, willkommen. Wer läßt nicht den ein, der Geld loswerden will? Daneben besaß der Club im Westen der Stadt, auf dem Hügelchen Babaoshan, wo jetzt der städtische Friedhof ist, einen Golfplatz.

Dort durften natürlich nur Mitglieder spielen. Selbst chinesische Gäste von Mitgliedern wurden nicht zugelassen.

Nur einmal mußten die Mitglieder zähneknirschend von ihrem hohen Roß herabsteigen. Ich glaube, es war 1931 oder 1932, als der »Junge Marshall«, Zhang Xueliang, der Warlord der Mandschurei, auf dem Golfplatz spielen wollte. Ihm wurde der Zutritt verwehrt. Diese Beleidigung ließ er sich nicht bieten. Unter dem Vorwand, Truppenmanöver abzuhalten, ließ er den Hügel umzingeln und die Eingänge zu den Clubgebäuden abriegeln. Die Mitglieder konnten weder hinein noch hinaus und mußten sich bei Zhang entschuldigen. Das Recht des Stärkeren war diesmal auf der anderen Seite. Der »damned Chink« hatte über hunderttausend Soldaten unter sich.

Das beste Hotel, sozusagen der Peking-Club unter den Hotels, war das »Grand Hotel des Wagons-Lits«, abgekürzt Wagon-Lits. Es lag im Gesandtschaftsviertel, war nicht sehr groß, aber luxuriös und dementsprechend teuer. Donnerstag war Tanzabend, bei dem die Damen im Abendkleid, die Herren im Smoking (Verzeihung: im Dinner Jacket) erscheinen mußten. Donnerstag fand er deswegen statt, weil man nicht wollte, daß sich kleine Angestellte und Kaufleute ebenfalls einfanden. Die Dienerschaft trug eine Livree, die aus einem langen chinesischen Rock aus Seide mit blauem Oberhemd ohne Ärmel bestand. Der Oberkellner trug eine rote Bluse. Freitags war »Tea Dance«, bei dem man in Straßenanzügen erscheinen durfte. Es wurde Tee und Kuchen serviert und getanzt. Pro Person wurde ein halber Dollar berechnet; man gab aber wenigstens einen Dollar Trinkgeld.

Dahinter rangierte das bedeutend größere »Grand Hotel de Pékin«, abgekürzt Peking-Hotel, der alte mittlere Teil des heutigen Peking-Hotels. Meines Wissens gehörte es einer französischen Aktiengesellschaft, der Manager war jedenfalls ein Franzose namens Maille. Nach der Besetzung Pekings durch die Japaner mußte er das Hotel an einen japanischen Hotelier verkaufen. 1945

wurde es dann von der Guomindang als Feindbesitz übernommen.
Dort wurde jeden Sonnabend getanzt, dunkler Anzug war vorgeschrieben. Im Sommer konnte man bei eisgekühltem Weißwein auf dem Dachgarten sitzen und die Abendkühle genießen.
An dritter Stelle kam das Hotel du Nord, wie es offiziell hieß. Aber jeder nannte es einfach »Nord-Hotel« oder noch einfacher »bei Heiss«, nach einem der beiden Besitzer, einem Österreicher; der andere war Deutscher und hieß Marschall. Es war ein recht bürgerliches Hotel, keine Tanzabende, kein Smokingzwang. Die Bar war dafür immer sehr gut frequentiert. Heiss knobelte dort jeden Abend am Stammtisch um Bier. Nach dem Soldtag war das Lokal regelmäßig mit ausländischen Soldaten vollgepfropft.
Auch das Nord-Hotel wurde 1945 von der Guomindang beschlagnahmt. Die beiden Besitzer wurden erst nach der Befreiung entschädigt, allerdings nicht in Devisen; so mußten sie ihr Geld in Peking ausgeben.
Dann gab es noch das »Legation Hospiz«, geleitet von einer deutschen Ordensschwester, deren Namen ich vergessen habe. Es war ein Gebäude der ehemals kaiserlich-russischen Gesandtschaft mit ungefähr zehn Zimmern. Man konnte dort gemütlich und billig wohnen; Musik, Getränke, Tanzveranstaltungen gab es natürlich nicht. Es war schließlich ein evangelisches Hospiz.
Die Schwester hatte übrigens einen Abscheu davor, in einem Pedicar (Dreirad) zu fahren. Es war ihr wohl zu hart und unbequem. Zu dieser Zeit waren die Rikschas schon abgeschafft, neue Rikschareifen wurden nicht mehr hergestellt. Trotzdem ließ sie die Räder ihrer alten Rikscha mit Filz umwickeln und sich mit dieser sonder-

baren Bereifung jeden Morgen von ihrem Haus in der Oststadt zum Hospiz fahren.
Wenn Sie im Wagon-Lits oder im Peking-Hotel übernachten wollten, mußten Sie zehn bis zwanzig Yuan bezahlen, den Monatslohn eines Dieners. Billiger war es in den chinesischen Hotels, besonders in den Gasthöfen außerhalb der Stadt, wo man nur ungefähr einen Yuan zahlte.
Konnte man noch billiger wohnen? Jawohl, man konnte. In den Vororten gab es Gasthöfe, wo man für vier bis sechs Cash übernachten konnte. Der Cash war eine Kupfermünze, die vierhundert zu einem Dollar stand. Und wie bettete man sich dort? In Gruben, mit einem Dach darüber (Gott sei Dank, man war immerhin vor Regen und Schnee geschützt). In diesen Gruben türmte sich Schicht über Schicht aus alten Matratzen, Resten von Anzügen, Hühner- und Gänsefedern und zerrissenen Säcken. Wenn alle Gäste, nachdem sie bezahlt hatten, mit Hilfe einer Leiter darin Platz gefunden hatten, wurde eine weitere Schicht alter Baumwolle, Hühnerfedern und ähnlich wärmenden Materials über sie geschüttet. Man fror nicht. Wanzen und anderes Ungeziefer? Was wollen Sie? Wie kann man sich vor Wanzen fürchten, wenn man vier Cash bezahlt! Am anderen Morgen kletterten die Gäste aus dem Loch.
Ich hätte es gerne einmal versucht, aber es fehlte mir an Courage.
Sicher war dies eine der Schattenseiten Pekings. Aber es war ja die Zeit vor der Befreiung. Zwar kann auch heute noch nicht jeder im Peking-Hotel übernachten, aber die Zeit der Gruben ist wenigstens vorbei.
Barzahlung galt in den besseren Etablissements als plebejisch. Man war ja im Peking-Club, in den Bars be-

kannt. Wenn man etwas verzehrt oder getrunken hatte, unterschrieb man einen »Chit«, der am Monatsende vorgelegt wurde. Es handelte sich dabei um einen kleinen Schein, auf dem die drei großen Buchstaben I. O. U. gedruckt waren (I. O. U. = »I owe you«, zu deutsch: »Ich schulde Ihnen ...«).

Es war Ehrensache, daß man seinen Chit honorierte, andernfalls war man gesellschaftlich unten durch. Die nicht bezahlten Chits wurden in den Bars der Clubs und Hotels auf einer Tafel befestigt. Ich kenne eigentlich nur zwei Fälle, wo dies geschah. Ein Deutscher, der Mitglied im Peking-Club war, geriet durch den Handel mit Curiosa in Geldverlegenheit und konnte seine Chits nicht mehr einlösen. Er wurde aus dem Club ausgestoßen. Der andere war mein Freund Ernst. Er hatte 1932 im Nord-Hotel einen Whisky-Soda getrunken und einen Chit in Höhe von einem halben Dollar unterzeichnet, aus irgendwelchen Gründen aber unterlassen, ihn zu bezahlen. Als er 1940 nach Peking zurückkam, schickte ihm das Hotel seinen Chit zur Zahlung, was er natürlich prompt tat.

Wo erholte sich ein Ausländer von seiner »ermüdenden« Arbeit? Natürlich in einem Club, genauer gesagt in der Bar seines Clubs. Jede Nationalität in Peking hatte den ihren. Der Club par excellence war der Peking-Club. Hier waren Frauen in der Bar nicht zugelassen. Verständlich, denn man hatte manchmal Dinge zu besprechen, die die Ehefrau nicht unbedingt zu wissen brauchte.

Jetzt zu den Würfeln. Man würfelte in den Bars um Getränke, manchmal auch um Chits, die man vorher unterzeichnet hatte. Auf englisch hieß das beliebteste Spiel »Liar dice«, Lügenwürfel. Jeder Spieler hatte fünf Würfel in einem Knobelbecher. Zwischen den beiden

Spielern stellte man auf den Tisch eine kleine Trennwand, so daß der Spieler die Würfe des anderen nicht sehen konnte. Nach den Pokerregeln ging es darum, wer am besten bluffen konnte. Nachdem der eine Spieler gewürfelt hatte, sagte er seinen Wurf an: full house, flash, drei Sechsen und so weiter. Er brauchte aber nicht die Wahrheit zu sagen, jeder bemühte sich, möglichst geschickt zu lügen, um den anderen zu übertreffen. Wollte sich der Gegner nicht geschlagen geben, konnte er die Trennwand entfernen, um nachzusehen, wie viele Augen dalagen. Hatte der andere gelogen, so war er der Gewinner, stimmten die Angaben, so verlor er die Partie.

Ausflugsziele

Badachu, die »acht großen Plätze«, waren acht schöne Tempelanlagen am Fuß der Westberge, ein beliebter Ausflugsort der Ausländer und reichen Chinesen. Über diese Tempel gibt es Literatur genug. Unten vor den Tempelanlagen lag das Western Hills Hotel, wo auch eine kleine europäische Konditorei betrieben wurde. Die paar Zimmer des Hotels standen meistens leer, soweit ich mich erinnern kann. Die Leute, die sich ein paar Tage Badachu hätten leisten können, besaßen sowieso ihren eigenen Bungalow; die anderen blieben nur einen halben Tag. Wozu waren dann diese Zimmer da? Sie wurden von unglücklichen Liebespaaren benutzt, die dort gemeinsam Selbstmord begingen. Ich kann mich noch gut erinnern, daß mir in den dreißiger Jahren die hübsche Nebenfrau eines reichen Chinesen, mit der ich befreundet war, den Vorschlag machte, zusammen eine Nacht im Western Hills zu verbringen

und von dort dann gemeinsam die Reise ins Jenseits anzutreten.
Einer der beliebtesten Ausflugsorte für »Picknickers«, sei es auf Pferden, Eseln, zu Fuß oder mit einem Fahrrad, war das Prinzessinnengrab südöstlich von Peking. Man ging zuerst am Kaiser-Kanal entlang und war dann in ungefähr einer Stunde dort. Ich weiß nicht, warum die Ausländer ausgerechnet dieses Grab so schätzten. Im Vergleich zu anderen war es ein eher unbedeutendes Grab, das Denkmal in der Mitte des Hofs längst zerfallen, und von den Häusern, die einmal um den Hof herum gruppiert waren, konnte man nur noch Mauerreste erkennen. Selbst die Kiefern im Hof sahen ungepflegt aus, traurig und abgerissen hingen die Äste herunter. Es war mit einem Wort das vergessene Grab einer vergessenen Prinzessin. Aber vielleicht übte sein Name den großen Reiz auf die Ausländer aus. Es hieß: »Grab der Prinzessin mit der Hand Gottes«. Es gibt in China eine Frucht, die »Hand Gottes« heißt und aussieht wie eine verkrüppelte Hand. Doch dies haben die Ausländer wahrscheinlich nicht gewußt.
Beidaihe war früher ein ganz kleines Fischerdorf am Ufer des Golfs von Beizhili. Wann und warum die Ausländer gerade diesen Ort zu ihrem Badeort machten, kann ich nicht sagen. Jedenfalls begannen sie schon recht früh damit, unzählige Sommerhäuser am Strand oder am Fuß der Hügel landeinwärts zu bauen. Jeden Sommer kamen sie aus dem Süden und Norden Chinas, um hier die Sommermonate zu verbringen. Bungalows besaßen natürlich nur die reichen Familien. Die anderen mußten sich schlecht und recht eine Unterkunft bei Freunden und Bekannten suchen. Aber in Beidaihe mußte man sein. Es gehörte sich so.

Chinesen traf man dort kaum. Ich weiß nicht, ob sie das Badeleben am Strand nicht schätzten, oder ob sie der Anblick der halbnackten »fremden Teufel« schreckte. Vielleicht spielte beides eine Rolle. Jedenfalls soll das Leben in Beidaihe im Sommer sehr »colonial« gewesen sein. Jetzt erholen sich dort hohe chinesische Kader von der Last ihrer großen Verantwortung.

Dolmetscher und Betreuer

Wenn man die Landessprache nicht spricht, braucht man einen Dolmetscher. Ist man in einem fremden Land, will man betreut werden. Im heutigen China hat man diese Frage ausgezeichnet gelöst: Jeder bekommt soviel Dolmetscher und Betreuer, wie er will. Früher war das nicht der Fall. Dolmetscher gab es fast keine, betreut wurde man überhaupt nicht. Auch Reisebüros wie Thomas Cook & Sons, American Express oder das Japan Tourist Bureau konnten nicht weiterhelfen. Sie verkauften nur Tickets, wechselten Devisen und buchten Betten auf den Passagierschiffen.

Nehmen wir einen Touristen, der überdies nur sehr gebrochen Englisch spricht. Er möchte heute den Sommerpalast besichtigen. Der Portier seines Hotel hat ihm einen Wagen besorgt und dem Chauffeur alles Notwendige gesagt. Unser Globetrotter braucht nur noch einzusteigen. Unterwegs sieht er ein prächtiges Bogentor und fragt mit seinem unbeholfenen Englisch, was das ist, wie es heißt. Der Chauffeur: »Bu dong.« Erst als der Chauffeur seinen Kopf schüttelt, weiß er, daß das nicht der Name des Tors ist, sondern daß der Chauffeur kein Englisch versteht. Am Eingang des Sommerpalastes besorgt ihm der Chauffeur die Eintrittskarte. Von jetzt an ist unser Tourist auf sich allein gestellt. Ein chinesischer Herr im langen Rock kommt auf ihn zu und stellt sich mit einer Verbeugung vor: »I your guide. You see old Buddha sleeping room? Very nice room, old chinese.« Gott sei Dank! Die Rettung ist da. Was für ein Glück, einen so zuvorkommenden Herrn getroffen zu haben. Auch wenn dessen Englisch noch schlechter ist als das eigene. Aber besser als nichts.

»Summer Palace big, one day see no enough, you big see five dolla, small see three dolla.« Jetzt erst versteht unser Ausländer, worum es geht. Meinetwegen, nehmen wir den Mann, sonst ist er ja total verlassen. Es wird ein »small see« vereinbart. Der Chinese führt ihn durch verschiedene Pavillons, Pagoden, Höfe. Er bekommt sogar das Schlafzimmer der Kaiserinwitwe zu sehen. Eigentlich ist er mit seinem Führer ganz zufrieden, nur fällt ihm auf, daß er selten auf seine Fragen antwortet, obgleich er sehr gesprächig ist. »You must see stone boat in water; you must see here small garden very nice; big pagoda very high« und so weiter. Plötzlich fragt der Chinese: »You buy curio? I can do.« Er holt aus seiner Tasche eine winzige Porzellanvase. »You buy twenty dolla, wife very happy.« Da unser Tourist Junggeselle ist, lehnt er höflich ab. »You no want curio? Okay. You buy my picture, love picture, ten dolla.« Er zeigt ihm einen halboffenen Briefumschlag. Sein Opfer vermutet schon, was darin ist. Aber für »Liebesbilder« ist er auch nicht zu haben.

Der höfliche Chinese in dieser kleinen Episode war ein Fremdenführer, ein »Guide«. Es war ein freier Beruf, der seine Familie ernähren konnte. Die »Verkehrssprache« war noch nicht einmal Pidgin-English, sondern ein paar Englisch-Brocken, die von der Mittelschule übriggeblieben waren. Ausländer, die wirklich Chinesisch sprechen konnten, waren dünn gesät. Selbst Missionare, die jahrelang in China gelebt hatten, kamen ohne Dolmetscher nicht aus. Wenn sie überhaupt ein bißchen Chinesisch sprachen, dann meistens nur lokale Dialekte. Die folgende Geschichte hat mir ein chinesischer Bischof erzählt, der sich auch für ihre Echtheit verbürgte.

Ein katholischer Geistlicher mußte wegen eines Grundstücks mit dem Kreismagistrat verhandeln. Der Magistrat sprach nur Chinesisch, während der Pater nur seine eigene Sprache verstand. Aber es gab einen chinesischen Küster, der zwar auch keine Fremdsprachen beherrschte, aber die lateinischen Messetexte auswendig hersagen konnte. Er bot sich als Dolmetscher an und machte dem Missionar klar: »Wenn wir beim Magistrat sind, achten Sie auf meinen Pfeifenkopf. Drehe ich ihn nach rechts, sagen Sie zu; drehe ich ihn nach links, schütteln Sie den Kopf; drehe ich ihn nach unten, geraten Sie in Zorn.« Die Verhandlung lief folgendermaßen ab:

Magistrat: erster Vorschlag.

Küster: Credo in Deum omnipotentem[1] ...(Pfeifenkopf nach links).

Pater: Schüttelt den Kopf.

Magistrat: zweiter Vorschlag.

Küster: Quid sum miser tunc dicturus? Quem patronum rogaturus cum vix iustus sit securus?[2] (Pfeifenkopf nach unten).

Pater: Schüttelt zornig den Kopf und schlägt mit der

1. Ich glaube an Gott, den Allmächtigen.
2. Weh, was werd ich Armer sagen?
   Welchen Anwalt mir erfragen?
   Wenn Gerechte selbst verzagen?

Faust auf den Tisch. Steht auf und will die Verhandlung abbrechen.
Magistrat: dritter Vorschlag.
Küster: Ave Maria ... (Pfeifenkopf leicht nach rechts).
Pater: Lächelt ein wenig, macht Anstalten, auf diesen Vorschlag einzugehen.
Magistrat: Erklärt seinen Vorschlag genauer und ergänzt ihn.
Küster: Judex ergo cum sedebit, quidquid latet apparebit[1] ... (Pfeifenkopf ganz nach rechts).
Pater: Höchste Zufriedenheit. Steht auf und schüttelt die Hand des Magistrats.
Überflüssig zu sagen, daß die Angelegenheit zur beiderseitigen Zufriedenheit geregelt wurde.

Die Missionare

Einen besonderen Eindruck machte auf mich immer die Heilsarmee mit ihrem Blasorchester. Auf Chinesisch hieß sie: Weltrettende Armee. Ihr Hauptquartier hatte sie in der Wangfujing-Straße. Als kleiner Junge dachte ich immer, daß diese Armee viel mächtiger und stärker als jede andere Armee sein müsse, da sie ja weltrettend war. Über die anderen protestantischen Kirchen kann ich nicht viel sagen. Es waren einfach zu viele. Methodisten, Anabaptisten, Adventisten, Lutheraner und so weiter und so fort. Ich bin nur ein paarmal mit Vertretern von ihnen zusammengekommen.
1928 oder 1929 schickte mich meine Mutter nach Kalgan, dem heutigen Zhangjiakou, zu einem schwedischen

1. Sitzt der Richter dann zu richten
Wird sich das Verborg'ne lichten.

Missionar. Ich sollte fragen, ob er zwei Zimmer für die Sommerfrische vermieten würde. Ich kam ziemlich hungrig bei ihm an. Bevor ich auch nur den Mund auftun konnte, sagte er: »Junger Mann, jetzt beten wir erst einmal: Vater unser, unser täglich Brot gib uns heute ...« Mir wäre es lieber gewesen, wenn er mir davon erst einmal eine Scheibe abgeschnitten hätte.

Reverend Ma war ein angelsächsischer Geistlicher in einer Provinzstadt. Er hielt sich streng an die Zehn Gebote. Darüber hinaus hatte er eine starke Abneigung gegen Tabak- und Alkoholgenuß. Als die Kommunisten sich seiner Stadt näherten, wollten die Guomindang-Leute beziehungsweise deren Sympathisanten ihre Haut retten. Damals wurden Pastoren und ihre Familien mit dem Flugzeug in den Süden geflogen. Man gab einem Guomindang-Angehörigen den Rat, sich an Pastor Ma zu wenden, um eine Flugkarte zu bekommen. Der Einfältige ging auch zu ihm, mit einer Zigarette im Mund. Das erste, was der Pastor tat, war, ihm die Zigarette aus dem Gesicht zu schlagen. Tickets waren nicht mehr vorhanden, erklärte er ihm dann. Aber dafür schenkte er ihm eine Bibel mit den Worten: »Laßt uns Lukas lesen. Das wird dir von Nutzen sein«, worauf der Heide ihn verzweifelt und hoffnungsvoll fragte: »Kann ich damit fliegen?« Der Pastor ließ ihn daraufhin an die Luft setzen.

Der Pornographie-Arzt

Unter den Ausländern gab es natürlich noch die üblichen verkrachten Existenzen, Abenteurer, Kriminelle, wie man sie überall in Ostasien fand. Hierzu gehörte ein Arzt, der in unmittelbarer Nähe des Grand Hotel de Pékin wohnte. Ein Polizeiinspektor für Ausländerangelegenheiten hat mir einmal von seiner Praxis erzählt. Gutaussehenden Chinesinnen verabreichte er manchmal eine Morphinspritze. Dann zog er sie aus und ließ sich mit ihnen in pornographischen Stellungen photographieren. Mit den Photos erpreßte er die Opfer und zwang sie, wiederzukommen und ihm weitere Patientinnen zuzuführen. Die Polizei war machtlos. Die Opfer wollten verständlicherweise nicht, daß Maßnahmen getroffen würden.

Exzentrische Damen

In den zwanziger Jahren glänzten die Geschwister H. in der Gesellschaft. Ihr Vater war ein Chinese, die Mutter Spanierin. Die jüngere, Marcelle, schlief mit Männern, die ältere, Nadine, bevorzugte Frauen. Über sie werde ich ein paar Zeilen schreiben.

Ein Krieger gilt gewöhnlich als Symbol der Männlichkeit. Ich weiß nicht, wie unsere Nadine es fertiggebracht hat, Oberst der Luftwaffe in der nordchinesischen Regierung zu werden; jedenfalls war sie Oberst, trug manchmal Uniform, dann wieder Zivil. Sie verkehrte mit allen möglichen hohen Warlords der damaligen Zeit und machte deren Nebenfrauen eifrig den Hof. Unter ihnen befanden sich auch Beauties, die denselben Hang und dieselbe Vorliebe hatten wie sie. Leider ging sie mit ihrem Treiben ein bißchen zu weit. Sie machte dem allmächtigen Warlord, General Zhang Zongchang, der ein großer Frauenliebhaber war, eine seiner unzähligen Nebenfrauen abspenstig. Der General ereiferte sich sehr und wollte Nadine standrechtlich erschießen lassen. Durch die Vermittlung anderer Generäle, die in diesem Strafvollzug eher eine Bloßstellung des Ehemanns sahen, wurde die Sache beigelegt.

Die nächste kuriose Ausländerin, an die ich mich erinnere, ist ein altes Fräulein, Französin. Ich glaube, ihr Name begann mit Ch. Irgendwann war ihr einmal der Einfall gekommen, ein Buch über die abenteuerliche Reise des Portugiesen Pinto[1] nach China zu schreiben. Ich glaube, diese Reise soll unter der Ming-Dynastie stattgefunden haben. Auf was für Ideen die Leute kommen! Aber jeder hat das Recht zu schreiben, worüber er will. Allerdings hatte das Fräulein keine sinologische Ausbildung.

Das Buch wurde schließlich gedruckt. Leider mußte sie erfahren, daß der weltberühmte Sinologe, Professor Georges Pelliot, das Buch kritisiert und bewiesen hatte, daß Pinto ein Scharlatan gewesen, seine Reisebeschreibung ein Hirngespinst war.

Niemand reagiert mit Wohlwollen auf Kritik an seiner Person oder an seinen Schriften. Das Fräulein blieb nicht passiv, und es entstand eine schriftliche Polemik zwischen ihr und Professor Pelliot. Pelliot beließ es bei seinen paar Bemerkungen. Fräulein Ch. dagegen publi-

1. Fernão Mendez Pinto (1509–1583)) bereiste zwischen 1537 und 1558 Ostasien. Sein Reisebericht *Peregrinaçem,* zieht keine klare Grenze zwischen Erlebtem und phantastischer Ausschmückung.

zierte einen Haufen Schriften, deren Inhalt an Schizophrenie grenzte. Ich habe einige davon gelesen und muß sagen, daß ich Mademoiselle bemitleide. Anstatt ihren Lebensabend in Ruhe zu verbringen, war sie versessen auf ihren Kampf gegen Pelliot. Was für Schaden ein Portugiese aus dem 16. Jahrhundert anrichten kann!

Slow Motion

Ein Original unter den Ausländern war ein Brite, dessen Namen ich vergessen habe. Man nannte ihn allgemein »Slow Motion«. Er war eine Zeitlang Polizeichef des Gesandtschaftsviertels Pekings. Später trat er zurück; ich glaube, er starb Ende der dreißiger beziehungsweise Anfang der vierziger Jahre. Anläßlich seines Todes brachte die lokale englischsprachige Zeitung »The Peking Chronicle« eine Meldung, in der auch sein Spitzname erwähnt wurde.

Ob Sommer oder Winter, er war immer in einen gelben Khakianzug gekleidet, und selbst wenn es regnete, trug er einen Khaki-Tropenhelm.

Seinen wohlverdienten Spitznamen hatte er sich durch seine Virtuosität beim Radfahren eingehandelt. Fast täglich konnte man ihn auf seinem Fahrrad erblicken. Seine Fahrgeschwindigkeit war die eines langsam schlendernden Fußgängers. Dabei wackelten weder sein Fahrrad noch sein Körper. Ich habe ihn nie im normalen Tempo eines Radfahrers fahren sehen. Ich, der ich immer ein guter Radfahrer gewesen bin, und andere, die besser radeln konnten als ich, haben versucht, mit derselben Geschwindigkeit zu fahren. Keiner hat ihn an Langsamkeit je übertroffen.

Der Yankee, der die höchste Bergspitze entdeckte

Mr. R., ein Industrieller, der durch die Weiterentwicklung eines Schreibutensils – ich sage Weiterentwicklung, weil der eigentliche Erfinder nämlich ein Ungar war – Weltruhm erlangt und Reichtümer erworben hatte, kam eines Tages auf den sonderbaren Gedanken, mit seinem Privatflugzeug nach China zu fliegen und zu beweisen, daß der Amne Machin (Anyêmaqên) in der Provinz Qinghai höher sei als der Mount Everest. Er hatte höchstwahrscheinlich irgendeine Reisebeschreibung gelesen, in der diese Vermutung geäußert wird. Das war natürlich eine willkommene Gelegenheit, für sein Schreibutensil große Reklame zu machen.

1947 oder 1948 kam er nach China. Es wird gesagt, daß er jedem, den er traf, ein Exemplar seines Schreibutensils schenkte, selbst den Rikschakulis vom Wagon-Lits-Hotel.

Damals war der Guomindang alles Amerikanische höchst willkommen und sie daher auch bereit, ihm die Erlaubnis für Forschungsflüge über den Amne Machin zu erteilen. Sie forderte aber, daß auch chinesische Wissenschaftler an diesen Flügen teilnehmen sollten. Mr. R. stimmte zu, mußte zustimmen. Aber dann flog er von Lanzhou allein in seinem Flugzeug über die Hochebene von Qinghai. Anschließend kehrte er nach Shanghai zurück, wo er der Presse bekanntgab, daß er die höchste Bergspitze der Welt entdeckt hätte. Die chinesischen Wissenschaftler wollten ihn wegen Vertragsbruchs zur Rede stellen. Mr. R. zog vor, eiligst in seine Heimat zurückzukehren. Er bekam keine Ausreiseerlaubnis, wollte aber trotzdem abfliegen. Auf dem Flughafen versuchten die Angestellten, ihn am Abflug zu hindern,

aber er warf ihnen aus dem Flugzeug eine Ladung von seinem Schreibutensil zu. Während sie sich noch bemühten, sie aufzulesen, startete das Flugzeug – auch eine Art von »Abschied China«.
Im selben Maß, wie er bei seiner Ankunft von der chinesischen Presse gefeiert wurde, beschimpfte man ihn jetzt; er sei ein Betrüger, ein Lügner, vielleicht steckte er sogar mit den Roten unter einer Decke. Das ist natürlich Unsinn; das Ganze war nichts weiter als ein typischer amerikanischer »publicity stunt« in China.

Weiße Russen, Rote Russen

Fangen wir mit den Weißen Russen an. Unter Weißrussen verstand man in China nicht die Einwohner Weißrußlands, sondern die Emigranten, die nach der Oktoberrevolution nach China geflüchtet waren, oder die seit Generationen hier ansässigen Russen, die zum Zarentum hielten.
Manche von ihnen, die Talent, Bildung oder gute Beziehungen besaßen, haben im Exil noch etwas aus ihrem Leben machen können, wie zum Beispiel der Balte Baron Alexander von Holstein. Er wurde ein weltberühmter Tibetologe und Buddhologe und erhielt einen Ruf an das Harvard-Yanjing-Institut, wo er bis zu seinem Tode seine Studien weiterführen konnte. Oder der ehemalige Arzt der russischen Gesandtschaft, Dr. Sudakow, der ebenfalls einen Lehrstuhl an einer amerikanischen Universität bekam. Die meisten jedoch fristeten ein kümmerliches Dasein als Emigranten. Sie wurden von den anderen Weißen nicht für voll genommen und rangierten für sie zwischen »Natives« und »Whites«. Bei

den Chinesen galten sie als Leute, mit denen man umspringen konnte, wie man wollte. Egon Erwin Kisch beschreibt sie und ihr Leben in seinem Buch *China Geheim* sehr treffend.
Manche von diesen Weißrussen waren schon glücklich, wenn sie eine Bäckerei oder eine Wäscherei aufmachen konnten. Daneben gab es auch einige Intellektuelle unter ihnen, die Russischunterricht erteilten; besonders diejenigen, die den »language students« als Lehrer dienten, konnten sich ziemlich gut damit über Wasser halten. Aber sehr viele waren Hausierer, die sich nicht einmal ihren Wodka leisten konnten, sondern nur den billigsten chinesischen Schnaps.
Ihre Frauen, soweit sie noch einigermaßen jung waren, arbeiteten als Tanzmädchen im »Alkazar« oder im »Black Hand«. Die älteren verdienten ihr Brot als Flickerinnen, Wäscherinnen oder Putzfrauen. Ich habe in Lanzhou diese Frauen mit Eimern, Besen und anderen Utensilien bewaffnet in einer Reihe auf der Straße stehen sehen, um auf diese Weise ihre Arbeit feilzubieten. Wenn ich mich nicht sehr irre, verlangten sie etwa einen Silberyuan pro Tag; dafür waren sie viel kräftiger und gründlicher als die Chinesinnen; sie machten ein Zimmer tip-top sauber. Das muß man ihnen lassen.

Beiguan und der orthodoxe Friedhof

Jeder Russe, der einmal in Peking gewesen ist, kennt diesen Namen. Im nordöstlichen Teil Pekings liegt die Botschaft der UdSSR in China. Das Gelände dieser Botschaft hieß früher Beiguan, was ungefähr »Nordresidenz« bedeutet; es hat eine sehr alte Geschichte.

Anfang der Qing-Dynastie, als die Russen Botschafter und Missionare nach Peking entsandten, überließen ihnen die Chinesen dieses Gelände. Die Russen bauten dort zunächst eine Kirche, in der ein Archimandrit und andere Geistliche residieren sollten. Auch Botschafter oder Handelskarawanen sollten dort wohnen können.
Ich habe Beiguan im Jahre 1938 einmal besucht und die Bekanntschaft des Archimandriten und des Bruders Nathaniel gemacht. Das Gelände ist sehr groß und beherbergt viel Häuser im altchinesischen Stil; es wird wohl ein ehemaliger Prinzenpalast gewesen sein. Man hat mich die Bibliothek besichtigen lassen, in der ich wertvolle Bücher, Manuskripte und Briefe, noch aus der Zeit der Qing-Dynastie entdeckte, leider konnte ich kein Russisch.
Auch eine Gedenktafel für die Orthodoxen (Russen und Chinesen), die im Boxer-Aufstand 1900 als Märtyrer für ihre Religion gestorben waren, hatte man inmitten des Gartens angebracht.
In einem Teil des Geländes befanden sich eine Reihe von Baracken. Dort wohnten die Weißrussen, die sich in der Stadt keine Wohnung leisten konnten.
Als die Sowjets nach der Befreiung aus ihrem Botschaftsgebäude im Gesandtschaftsviertel ausziehen mußten, machten sie Beiguan zu ihrer Residenz und ließen dort die heutigen Gebäude errichten.
Ich weiß nicht, was aus den wunderschönen Häusern und der Bibliothek geworden ist.
Wenn man von Beiguan nach Norden geht und sich dann außerhalb der Stadt nach Westen wendet, stößt man auf einen kleinen Friedhof mit einer kleinen Kapelle: den orthodoxen Friedhof. Er ist so klein und abgelegen, daß nur wenige Leute ihn kennen. Auf einem

Spaziergang bin ich mehr zufällig an ihm vorbeigegangen und habe ihn sozusagen »entdeckt«. Auf den Gräbern lagen verwitterte Steinplatten mit kyrillischen Inschriften. Später habe ich erfahren, daß dies die Gräber der russischen Missionare aus der Kaiserzeit waren. Was ist wohl jetzt aus dem Friedhof geworden?

Schikin

Jeder, der längere Zeit in Peking gelebt hat, kennt Schikin. Wenn er an wohlschmeckende Kuchen, Würste, an einen guten Borschtsch denkt, wird ihm automatisch die Bäckerei und Schlachterei Schikin einfallen.

Sie lag in der Nähe der Kreuzung Dongdan. Der tüchtige Herr Schikin, Metzger von Beruf, verstand es, seinen Laden zu einem höchst rentablen Geschäft zu machen. Später erweiterte er es und wurde Besitzer eines winzigen Restaurants und eines Hotels mit sechs oder acht Zimmern.

Sein Brot, seine Schinken waren vielleicht ein wenig teurer als anderswo, dafür aber erstklassig. Er war das lebende Beispiel eines Weißrussen, der Können und Fleiß besaß und es zu etwas gebracht hatte.

Nach der Befreiung konnte er noch lange Zeit sein Geschäft weiterführen. Als er schließlich in seine Heimat zurück mußte, kauften ihm die Chinesen seinen Laden ab. Ich glaube aber, daß er nicht mehr besteht.

Das Warenhaus, das Flöhe verkauft

Wer kannte in der Mandschurei nicht den Namen Tchurin – oder schrieb er sich Churin? Es war ein Warenhaus in Harbin, das den Anspruch erhob, alles, aber auch alles zu verkaufen. Womit kann ich Ihnen dienen? Einen Diamantring, bitte sehr, soundsoviel Dollar. Oder einen Besen; das ist unten im ersten Stock. Wollen Sie sich die neusten Kleider aus Paris vorführen lassen? Das ist oben im dritten Stock ...

Das Haus war sehr alt, es stammte noch aus der Zarenzeit. Mein Vater besaß eine Uhr, die er bei Tchurin gekauft hatte.

Der Besitzer des Warenhauses Tchurin war ein Weißrusse (jüdischer Abstammung?) gleichen Namens. Nach der Gründung des Marionettenstaates (Mandschukuo) 1931 zwangen ihn die Japaner, sein blühendes Geschäft an sie abzutreten. Nach 1945 übernahmen es dann die Chinesen. Den Namen haben sie nicht geändert, weil das Warenhaus zu bekannt war, nur trat an Stelle des russischen Namens die chinesische Transkription Qiulin, die »Herbstwald« bedeutet. Das Warenhaus besteht noch heute.

Da Tchurin den Anspruch erhob, alles zu haben, wollte ein Witzbold ihn einmal auf die Probe stellen und bestellte bei ihm eine Packung Flöhe. Ein paar Tage darauf erhielt er tatsächlich eine kleine Packung Flöhe mit der Faktur: »Eine Packung Flöhe: ein halber Yuan. Wegen Schwierigkeiten beim Einfangen zwanzig Prozent Zuschlag.«

Die Transsib

In den Zeiten vor den Turbo-Jets gab es von Asien nach Europa drei Wege: Der erste führte über die USA; das war teuer. Der zweite ging mit dem Dampfer über Suez; das dauerte an die vierzig Tage und war dementsprechend teuer; die dritte Möglichkeit war, mit der Eisenbahn über Sibirien zu fahren, was bedeutend billiger und schneller war; die Reise dauerte nur vierzehn Tage.
Ich bin als Jugendlicher mit der Eisenbahn gefahren. Das Einreisevisum nach Deutschland wurde mir auf dem Deutschen Konsulat in Peking sofort gegen fünf Reichsmark Gebühr erteilt. Ich mußte kein einziges Formular ausfüllen. Fünf Reichsmark = ein Visum. Ach, die schöne Weimarer Zeit! 1980 mußte ich für ein Visum in die Bundesrepublik beim Deutschen Konsulat Formulare über Formulare ausfüllen und einen Monat warten, bis man mich für würdig befand, eine harmlose Reise nach München anzutreten.
Selbst auf dem sowjetischen Konsulat in Harbin anläßlich meines ersten Deutschlandbesuchs war so ein Reiseantrag noch ein Kinderspiel gewesen. Man brauchte nur zwei Scheine auszufüllen. Auf dem einen mußte man Angaben zur Person machen, auf dem anderen stand die Frage, ob man 1918–1920 an der internationalen Intervention (der westlichen Alliierten des Zarenreiches gegen die junge Sowjetrepublik) teilgenommen hatte. Meine Antwort war, daß ich damals vier beziehungsweise sechs Jahre alt gewesen sei. Unmöglich hätte ich so jung an Jahren an einer militärischen Intervention teilnehmen können – sofort abgestempelt. Das polnische Visum brauchte man gar nicht. An der Grenze fragte mich ein polnischer Beamter: Deutschland? Ant-

wort: Deutschland! Frage: Transit? Antwort: Transit. Sofort abgestempelt!

Erlauben Sie mir, ganz kurz meine transsibirische Reise zu beschreiben. In Harbin haben wir uns erst einmal mit Reiseproviant eingedeckt. Man erzählte nämlich, es gäbe in der Sowjetunion nichts zu essen, und daß die Menschen dort verhungerten. Erst in Polen bekäme man wieder etwas, aber nur gegen viel Geld.

Wir haben die Lügenpropaganda der Weißrussen geglaubt und gingen zum Warenhaus Tchurin wo man sehr liebenswürdig war: große Körbe mit Proviant für vierzehn Tage, Brot, Käse, Wurst und so weiter standen schon bereit; man brauchte nur noch zu bezahlen, zwanzig Dollar.

Natürlich liegt der Verdacht nahe, daß Tchurin selbst die Greuelgeschichten über die schlechte Versorgungslage in der Sowjetunion in Umlauf gesetzt hat – vor Kapitalisten sollte man sich grundsätzlich in acht nehmen!

An der sowjetischen Grenze wurden unsere US-Dollar gegen Rubel gewechselt; wir bekamen darüber eine Bestätigung, was wichtig war, denn an der sowjetisch-polnischen Grenze hätten wir ohne diese Bescheinigung die Rubel nicht mehr umtauschen können. Paß- und Zollkontrollen verliefen ziemlich lax. Als Ausländer fuhren wir in einem Wagon-Lits-Abteil, von den Russen getrennt. Ich weiß nicht, ob dies eine Quarantäne für uns war, bezweifle es aber.

Unterwegs haben wir von Hunger und Not der Bevölkerung nichts bemerkt; das waren wohl alles Gerüchte der Emigranten gewesen. Wie auch immer, es gab heißes Wasser auf allen Bahnhöfen. Sonst hatten wir ja dank Tchurin alles selbst dabei.

In Moskau mußten wir umsteigen und einen Tag in

einem Ausländerhotel verbringen. Als wir aus dem Zug steigen wollten, stand Ivan, der uns die ganze Zeit sehr gut bedient hatte, vor einem Plakat, worauf auf Englisch stand: »Trinkgeld geben verboten« und machte seine Hand auf. Wir zeigten auf das Plakat; er lächelte und schüttelte den Kopf.

Im Hotel mußten wir dann feststellen, daß die Gerüchte über eine Hungersnot in der Sowjetunion reine Propaganda der Emigranten gewesen sein mußte. Alles gab es im Hotel im Überfluß, vom Kwaß bis zum Kaviar, nur mußte man mit US-Dollar bezahlen.

Eine Angestellte von Intourist betreute uns den ganzen Tag. Sie war früher bei Siemens in Peking angestellt gewesen und sprach fließend Deutsch. Sie führte uns durch alte Kirchen, Gemäldegalerien, Kindergärten, den Klub der Gottlosen und so weiter. Auf ihrem Plan standen auch noch das Wohnheim einer Fabrik und das beschlagnahmte Haus eines ehemaligen Zuckerfabrikanten. Aber es war bereits dunkel. Unsere Betreuerin war jedoch so liebenswürdig, uns auch dann keinen Augenblick aus den Augen zu lassen. Erst spät am Abend brachte sie uns ins Hotel zurück.

Die nächste Etappe war die Strecke Moskau – polnische Grenze. Wegen der unterschiedlichen Spurweite mußten wir an der Grenze den Zug wechseln. Im Mitropa-Expreß fanden wir uns wieder im bourgeois-kapitalistischen Milieu, und meine Transsibirienreise näherte sich ihrem Ende.

Banknotenvervielfältigung

Weißrussen sind erfinderische Leute. Einer kam einmal auf die Idee, Banknoten zu vervielfältigen. In seiner Freizeit konstruierte er eine Maschine dafür. Mir ist unverständlich, warum er seine Erfindung nicht selbst nutzte, sondern anderen zum Kauf anbot.
Im Winter 1936 besuchte er einen Freund von mir und wollte sie ihm für zweitausend Yuan überlassen. Keiner kauft gerne eine Katze im Sack. Natürlich mußte der Weißrusse sie vorher demonstrieren. Er ließ sich eine Fünf-Yuan-Note geben und steckte sie in die Maschine. Nach einer Weile spuckte sie zwei aus. Hundert Prozent Profit! »Wenn Sie glauben, daß der Schein unecht ist«, sagte er, »gehen Sie damit zu Ihrem Laden und kaufen Sie sich etwas dafür.« Leider hatte sich mein Freund die Nummer gemerkt; es waren zwei verschiedene.

General in abgetragener Uniform

Die Weißrussen besaßen ihre eigenen politischen Organisationen. Ihr Chef war der ehemalige Direktor der ostchinesischen Eisenbahn, Generalleutnant Dimitri Horvath, ein guter Freund meiner Eltern. Er war ein stattlicher Alter mit einem langen, weißen Bart, kam immer in seiner alten Uniform daher die er trug, bis sie völlig verblichen war; erst dann ließ er sich Zivilanzüge schneidern. Er wohnte in der ehemaligen österreichisch-ungarischen Gesandtschaft.
Weihnachten oder am Silvesterabend gab er rauschende Feste, wo gesungen, getanzt und dem berühmten Antipas-Wodka reichlich zugesprochen wurde.

Nach dem Tode Horvaths wurde der ehemalige Generalkonsul in Urga, dem heutigen Ulan Bator, Chef der Weißrussen in Peking, ein gewisser Herr Dolbejew. Ihm ist es zu verdanken, daß noch kurz vor der Befreiung Pekings eine Anzahl von Weißrussen durch die International Refugee Organization nach Kanada gebracht werden konnten.

Der Oberst des Zaren

Oberst Tatarinow, der letzte Militärattaché der zaristischen Gesandtschaft, war unter den Weißrussen nicht gerade beliebt. Man warf ihm vor, prosowjetisch zu sein. Ich kann mich noch gut an seine Besuche bei uns erinnern, natürlich war ich damals noch ein kleiner Junge. Er war ein großgewachsener Mann, schwarzhaarig, seinem Namen nach zu urteilen wohl tatarischer Abstammung. Vor 1919 hatte er als Militärattaché in Bulgarien gedient. Bei Kriegsausbruch setzte er sich in seine Heimat ab. Seine Möbel und anderen Besitztümer wurden von den Bulgaren beschlagnahmt, nach dem Krieg hat die bulgarische Regierung ihm alles zurückerstattet.
Er erwarb später die französische Staatsangehörigkeit und starb 1947 als Konsularagent in Qingdao.
Die Weißrussen mochten ihn aus folgendem Grund nicht: Als Militärattaché verfügte er über einen Geheimfonds. Die Emigranten wollten, daß er das Geld unter ihnen aufteile, was er aber entschieden ablehnte. Um 1924, als der neuernannte sowjetische Botschafter Karakhan nach Peking kam, besuchte er ihn und übergab ihm den Fonds. Karakhan bot ihm dafür die sowjetische Staatsangehörigkeit an. Er wies sie zurück. Meiner

Mutter erzählte er damals: »Ich habe Karakhan gesagt, als Russe muß ich Ihnen den Geheimfonds zurückgeben, als Offizier des Zaren kann ich Ihr Anerbieten nicht annehmen.«
Soll man so einen Mann nicht achten?

Die geheimnisvollen Brüder Röhrich

Sie machten Anfang und Mitte der dreißiger Jahre von sich reden, um die Zeit etwa, als der Mongolenprinz De Wang die Autonomie der Inneren Mongolei anstrebte. Zu diesem Unternehmen gab die Guomindang-Regierung in Nanjing nur sehr widerwillig ihre Zustimmung. Sie tat es schließlich nur, um zu verhindern, daß die Mongolen mit den Japanern kollaborierten. Diese hatten bereits in der Mandschurei das sogenannte Mandschukuo errichtet; das Ziel ihrer Guandong-Armee war es, auch noch die Innere Mongolei zu besetzen und damit ganz Nordchina unter ihre Herrschaft zu bringen. Natürlich war man in Peking neugierig, wie sich De Wang den Japanern gegenüber aus der Affäre ziehen würde. Tatsächlich schlug Fürst De Wang um 1940 einen eindeutig projapanischen Kurs ein. Ausländische Journalisten, Militätattachés, Spione und Abenteurer kauften sich Flugkarten nach Bailingmiao, dem Sitz der Autonomen Regierung. Eine Reise dorthin wurde unter den Ausländern nach und nach regelrecht zur Mode.
Um diese Zeit tauchten auch die Gebrüder Röhrich auf. Der eine hieß Alexander, der andere Nikolas. Selbst habe ich die beiden Herren nie getroffen; ich weiß deshalb auch nicht, ob sie ein »von« vor ihren Namen setz-

ten. Jedenfalls waren sie Balten. Einer von ihnen behauptete, sechsundzwanzig Sprachen zu beherrschen.
Gegenüber den Mongolen gaben sie sich als Gurus aus, die die Geheimlehre der Tantrik von hohen Lamas in Tibet gelernt hätten. Für die Ausländer waren sie die großen Mongolenkenner, die die Wüste und das Grasland durchwandert und sich mit den Sitten und Gebräuchen der verschiedenen Stämme genau vertraut gemacht hatten. Mit großem Pomp schlugen sie in Bailingmiao ihre Jurte auf und hielten wie Mongolenfürsten Hof. Nikolas behauptete, so sehr von der Yogalehre erleuchtet zu sein, daß er eines Tages beim Morgengrauen auf einem Berggipfel im tibetischen Hochland das sagenhafte »Schambala«, das verheißene Land, erblickt habe. Argha Biligtu, ein Buriate, wußte zu berichten, daß der eine Röhrich nachts den Strahl seiner Taschenlampe durch die Jurte wandern ließ, um den leichtgläubigen Mongolen seine übernatürlichen Kräfte zu »beweisen«. Von einem anderen buriatischen Freund habe ich das Gerücht gehört, die Brüder Röhrich seien nicht nur Abenteurer, sondern auch Agenten gewesen.
Ich habe bis jetzt nicht herausgefunden, was die beiden in die Mongolei getrieben hat. Ende des Krieges soll der eine Röhrich Stalin geschrieben haben, er sei alt geworden und wolle seinen Lebensabend in der Heimat verbringen. Stalin soll ihm diese Bitte nicht abgeschlagen haben. Wenn er schon einem adeligen Emigranten die Rückkehr in die Heimat gestattete, muß er dafür wohl einen besonderen Grund gehabt haben. Vielleicht war der alte Jossif aber doch ein Philanthrop.
Damit sind wir mit den Weißen am Ende und kommen zu den Roten.

Der erste Botschafter in Peking

Die großen und ganz besonders die kleinen Kolonialmächte betrachteten es als unter ihrer Würde, Botschafter nach China zu schicken. Den Zweck erfüllten ein paar Kanonenboote auf dem Yangzi-Strom sehr viel besser. Ihre Vertreter in Peking waren daher nur Gesandte. Um 1924, als China mit der jungen Sowjetunion diplomatische Beziehungen aufnahm, schickte die UdSSR den Genossen Karakhan als Botschafter nach China. Karakhan ist später in einer Säuberungskampagne – all die vielen Säuberungskampagnen haben die Leute auch nicht sauberer gemacht – unter Stalin erschossen worden.

Dieser Schachzug verursachte eine riesige Aufregung im diplomatischen Korps Pekings. Bei Whisky-Soda entrüstete man sich im Peking-Club darüber, daß Karakhan als Botschaftler automatisch »Doyen« sein würde. Was? Ein Prolet, ein Kommunist, ein Roter sollte dem Rang nach höher stehen als der »Plenipotentiary Envoy of His Majesty« oder der »Envoye plenipotentiaire« der glorreichen Republik? Unerhörte Frechheit! Man mußte sich aber fügen. Verständlich, daß die westlichen Mächte daraufhin ihren Vertretern allmählich ebenfalls Botschafterwürden verliehen.

Meine Mutter nahm mich einmal mit zu Karakhan. Ich weiß noch wie heute, daß er ihr und meiner Schwester ans Herz legte, in die Guomindang einzutreten. Zwischen den Kommunisten und der Guomindang bestand damals eine sehr enge und besondere Beziehung.

Die Diplomaten der Fernost-Republik

Wie lange diese Republik (eine kurzfristige ostsibirische Sowjetrepublik) existiert hat, kann ich leider nicht sagen.[1] Schon auf den Landkarten der dreißiger Jahre sucht man sie vergebens. Wie sie amtlich hieß, weiß ich ebensowenig. Man nannte sie kurz Fernost-Republik; ihr Territorium war das östliche Sibirien.

Sie schickte Anfang der zwanziger Jahre eine diplomatische Vertretung nach Peking. Die Leute machten sich daran, ein größeres Konsulatsgebäude zu mieten. Meine Mutter besaß damals ein passendes Haus, das leer stand und das sie der Vertretung anbot.

Als meine Mutter sie durch die verschiedenen Räume führte, brachen sie bei einem davon in Entzückungsrufe aus: »kharascho, krasne, otschen kharascho« (gut, rot, sehr gut). Die Wände dieses Zimmers waren rot gestrichen, der Teppich rot, die Möbel auch. Sie schüttelten die Hand meiner Mutter und streckten zum Zeichen der Zufriedenheit ihre Daumen hoch.

Der Mietkontrakt wurde sofort unterschrieben, und die Diplomaten der Fernost-Republik zogen in das Haus ein.

Wie die politische Gesinnung meines Vaters war, weiß ich nicht, bestimmt nicht so sozialistisch, daß er seine Zimmer deswegen rot anstreichen ließ.

1 Vom 6. 6. 1920 – 10. 11. 1922. Nach dem Zusammenbruch der Herrschaft Koltschaks konstituierte sich die unabhängige und demokratisch verfaßte Fernostrepublik, die zunächst von der jungen Sowjetrepublik anerkannt wurde. Nachdem es der Sowjetrepublik gelungen war, ihre Position im fernen Osten zu konsolidieren und die japanischen Interventionsstreitkräfte abgezogen waren, wurde die Fernostrepublik ganz aufgelöst und in den sowjetischen Staatsverband eingegliedert.

Das Wunder der chinesischen Sprache

In Peking lebte damals ein gewisser Monsieur Braun; er war der Inhaber des Juwelierladens Levy & Co. in der Wangfujing-Straße.
Es heißt, daß eines Tages Anfang der zwanziger Jahre Genosse Joffe, sowjetischer Diplomat, in seinen Laden kam (Joffe war ein Freund Trotzkys und hat später während einer der Säuberungskampagnen Stalins Selbstmord begangen).
Joffe bat nun Monsieur Braun, seinem Rikschakuli draußen etwas zu dolmetschen. Der Kuli war mit den erhaltenen zwanzig Fen nicht zufrieden und machte vor der Tür Radau. Genosse Joffe hielt eine Rede über die Unterdrückung der Arbeiter durch die Kapitalisten, über die rosige Zukunft der Arbeiterklasse und die Notwendigkeit des Klassenkampfes. Dolmetscher Braun rief dem Kuli zu: »Der Herr ist Ausländer! Los, hau schon ab.« Der Kuli zog ab. Erstaunt fragte Joffe den Juwelier, wie er denn mit nur ein paar Worten seine Ausführungen hätte dolmetschen können. Braun antwortete: »Die chinesische Sprache hat die Eigentümlichkeit, mit wenigen Worten vieles auszudrücken.«

Über die Japaner

Schon vor 1937 war die japanische Kolonie in Peking ziemlich groß. Es gab eine Gesandtschaft, eine Gesandtschaftswache, einen Club in der Santiao-Straße, in der sich auch das Krankenhaus, das Tongren-Hospital, befand, ein Geisha-Haus in der Oststadt, und das Japan Tourist Bureau in der Nähe vom Hatamen-Tor.

Einer der Japaner, die ich kennengelernt habe, muß wohl der Zahnarzt, der noch nach seinem Tod praktizierte, gewesen sein. Dr. Ito hatte bis 1945 eine Privatpraxis in der Babao-Gasse. Er war ein kleiner Mann, der außer Chinesisch nur noch ein paar Brocken Englisch sprach, leidenschaftlicher Angler und, wie man sich erzählte, ein Christ war. Meine Mutter hatte ihn vor dem Ersten Weltkrieg als jungen Assistenten bei einem anderen Arzt kennengelernt. Wenn etwas mit den Zähnen los war, sagte jeder, ob Deutscher, Chinese, Engländer oder Amerikaner: »Gehen Sie zu Ito.«

Sein Wartezimmer war immer voll, seine Preise niedrig, das wichtigste jedoch: Er war ein erstklassiger Arzt.

Als die Japaner kapitulierten, beschlagnahmte die Guomindang seine Praxis; er selbst sollte repatriiert werden. Aber sein Ruf war so verbreitet, daß man ihn in Peking behielt und an der Städtischen Zahnklinik in der Gasse Xila-Hutong weiterarbeiten ließ. Alte und neue Patienten (Amerikaner) strömten ihm zu. Das Geschäft blühte.

Als ich einmal einen befreundeten Generalkonsul zu ihm schickte, empfing ihn der Direktor der Klinik, der ihm sagte, daß Dr. Ito momentan nicht in Peking sei; erst in einer Woche käme er zurück. Keiner plagt sich gerne eine Woche lang mit Zahnschmerzen. Er ließ sich also vom Direktor behandeln.

Später berichteten mir Freunde ähnliche Erfahrungen. Dr. Ito war entweder krank, oder auf Urlaub, oder für ein paar Tage nach Tianjin gefahren. Kurz vor der Befreiung mußte ich schließlich einmal selbst in die Klinik. Das Schild war verschwunden. Ich fragte den Arzt, was mit Ito los sei. Er flüsterte mir ins Ohr, daß er schon vor Jahren an einem Schlaganfall gestorben sei.

Der Rendan-Bart

Schon vor 1920 fingen die Japaner an, für ihre »Rendan-Pillen« groß Reklame zu machen. Sie waren aus Pfefferminz und anderen Kräutern hergestellt und galten wie jede Patentmedizin als Allheilmittel für dieses und jenes Zipperlein. Die Firma veranstaltete Umzüge mit Kapellen, Fahnen und Plakaten, bei denen unzählige Pillenschachteln in die Menge geworfen wurden. Die Schachteln hatten als Emblem einen alten Mann mit Admiralshut und Schnurrbart à la Wilhelm II.

Die Kampagne hatte großen Erfolg. Bald kannte jeder Chinese nicht nur in Peking, sondern im ganzen Land die Pillen und den Admiral mit dem Bart. Der Name ging in die Umgangssprache ein. Noch jetzt verkauft man in den Apotheken Rendan-Pillen chinesischer Herkunft. Leider ohne den Admiral auf der Schachtel.

Ein Bart wie der seine hieß: Rendan-Bart. Jeder Chinese wußte, was damit gemeint war. In der chinesischen Erzählliteratur findet man Stellen wie »... da kam ein Mann mit einem Rendan-Bart herein«.

Japanische Zeitungen

Die »Shuntian Shibao« war eine von den Japanern herausgegebene Zeitung in chinesischer Sprache. Sie erschien bis 1925 und war eine der meistgelesenen Zeitungen Pekings. Ich weiß noch genau, daß mein Vater sie jeden Morgen studierte. Als Organ der Japaner war sie politisch natürlich pro-japanisch eingestellt. Von vielen chinesischen Journalisten habe ich gehört, daß sie mit Abstand die beste chinesischsprachige Zeitung war.

Japanische Soldaten erbärmlich?

Mein Freund Ernst erzählte mir einmal von einer Unterhaltung, die er mit einem japanischen Offizier gehabt hatte, den er auf einer seiner Reisen durch »Mandschukuo« kennengelernt hatte. Der Offizier sprach etwas Deutsch. Von Vaterlandsliebe erfüllt, kam er schließlich auf seine Soldaten zu sprechen: »Es gibt einen großen Unterschied zwischen einem deutschen und einem japanischen Soldaten. Der deutsche Soldat ist im Kampf ohne Erbarmen, unsere Soldaten dagegen sind erbärmlich«. Aus Höflichkeit korrigierte Ernst diesen kleinen Schnitzer des Japaners nicht.

Kempetai und Tokumukikan

Das Tokumukikan war eine japanische Militärbehörde, die sich mit Spionage, Gegenspionage, Bestechung und ähnlichen Dingen befaßte. Der Name bedeutet »Behörde für besondere Verwendung«. Ihr Gründer soll General Doihara gewesen sein, den die ausländischen Journalisten »Lawrence of the Far East« getauft hatten. Doihara begann seine Karriere, als er 1928 den lästig gewordenen Warlord Zhang Zuolin in die Luft sprengte; er beendete sie 1946 als Kriegsverbrecher in Tokio am Galgen.

Es ist ein offenes Geheimnis, auf welche Weise General Doihara das einflußreiche Mitglied des Politischen Komitees für Hebei und Chahar, Xiao bestach:

In China ist es üblich, daß die Gäste bei einer Hochzeit oder einem Geburtstagsessen eine Summe Geld schenken. Xiao feierte den Geburtstag seiner Mutter. Zu den

Eingeladenen gehörte auch Doihara. Er überreichte Xiao als Geschenk einen Scheck über zweihunderttausend Yuan – ein Vermögen für die damalige Zeit.
Von zuverlässiger Seite habe ich einmal erfahren, daß Doihara den Gang der Kämpfe mit China im Jahre 1937 als großen Fehler ansah. Einem Vertrauten habe er gesagt, mit einem Bruchteil der Kosten des Krieges hätte er ganz China aufkaufen können. Aber die anderen Generäle, die auf dem Gebiet wohl nicht über soviel Virtuosität verfügten, wollten endlich ihre Macht zur Geltung bringen. Es kam zum Krieg.
Im Gegensatz zum Tokumukikan, das im stillen arbeitete, trieb die Kempetai (Gendarmerie) ganz offen ihr Unwesen. Auf ihr Konto geht das Leben unzähliger chinesischer Patrioten, ob sie nun der Guomindang oder der kommunistischen Partei angehörten. Wie die Gestapo arbeitete sie mit Terror, Folter und Attentaten. Am meisten auf der Hut mußte man vor ihren chinesischen Dolmetschern sein, die oft über Leben und Tod entschieden. Mißfiel ihnen jemand, zeigten sie ihn einfach wegen antijapanischer Umtriebe bei ihrer Dienststelle an. Damit war das Schicksal des Unglücklichen in aller Regel besiegelt.
Die Kempetai hielt auch ihre Hand über den Heroinhandel. Japanische oder chinesische Händler zahlten ein hohes Schmiergeld oder Squeeze und stellten sich unter ihren Schutz. Die chinesische Polizei wagte es nicht mehr, sich einzumischen.

General Kawabe

Der ehemalige japanische Premier Tanaka schreibt in seinen Erinnerungen, daß 1938, als es zu Schießereien zwischen den Japanern und den Sowjets an der Grenze zwischen »Mandschukuo« und der Mongolischen Volksrepublik kam, das Oberkommando der japanischen Guandong-Armee für eine friedliche Beilegung der Streitigkeiten war. Weiter heißt es: Jüngere Offiziere nahmen aber die Sache in die Hand und befahlen einen Luftangriff auf mongolisch-sowjetische Stützpunkte weit im Inneren des Landes – der berühmte Nomenkhan-Zwischenfall. Zum Schluß bemerkte Tanaka, daß es in der japanischen Armee fast an der Tagesordnung war, daß jüngere, ehrgeizige Offiziere einen Konflikt auch gegen den ausdrücklichen Befehl ihrer Vorgesetzten forcierten.

1938 besuchte ich einmal Dr. Müller, den Pekinger Korrespondenten des Deutschen Nachrichten-Büros. Er zeigte mir einige von ihm selbst aufgenommene Photos eines japanischen Generals, der auf einem Hocker an einem ganz einfachen Tisch saß. Dr. Müller sagte: »Das ist General Kawabe, kurz bevor er den Angriff auf die chinesische Stellungen bei der Marco-Polo-Brücke befahl. Der japanische Oberkommandierende war für die friedliche Beilegung der Affäre und hatte entsprechende Befehle erteilt. Kawabe setzt sich darüber hinweg und gab das Kommando zum Angriff.«

Auf diese Weise begann der acht Jahre dauernde chinesisch-japanische Krieg, der in Asien schließlich den Zweiten Weltkrieg auslöste.

Mata Hari des Fernen Ostens

In der Kaiserzeit lebte der Japaner Kawashima (höchstwahrscheinlich ein Agent) in Peking. Er stand auf gutem Fuß mit dem Japan-freundlichen Prinzen Su, einem Sproß einer alten Mandschu-Familie in China. Die Freundschaft vertiefte sich mit der Zeit immer mehr. Kawashima adoptierte eine der zahlreichen Töchter des Prinzen (ich kannte die Tochter Nummer siebzehn). Er gab ihr einen japanischen Namen, Kawashima Yoshiko. Sie wurde später vom japanischen Geheimdienst rekrutiert und soll in den Jahren bis zur japanischen Kapitulation sehr erfolgreich als Kellnerin und Tanzmädchen für die Japaner gearbeitet haben.

1945 wurde sie verhaftet und vor Gericht gestellt. Der berühmte Advokat Li kam eigens von Chongqing herbeigeeilt, um ihre Verteidigung zu übernehmen. Aber sein Beistand nützte ihr nichts; sie wurde zum Tode verurteilt und erschossen. Li sagte später, daß es ein leichtes gewesen sei, ein milderes Urteil zu erwirken. Es sei aber ein persönliches Telegramm der Madame Chiang gekommen, das dem Gericht keine andere Wahl gelassen habe. Eifersucht? Daß Frauen von Machthabern sich in Dinge einmischen, die sie nichts angehen, scheint immer mehr Mode zu werden. In jüngerer Zeit haben wir es hier wieder zur Genüge erlebt.

Die Blockade von Tianjin

Ich glaube, es war im Frühling 1939. Vier Guomindang-Agenten schossen in der britischen Konzession Tianjins auf einen chinesischen Kollaborateur. Sie wurden von der britischen Polizei verhaftet. Die Japaner stellten an die britische Konzession die Forderung, die vier Terroristen auszuliefern, was die Briten entschieden ablehnten. Alle, Chinesen wie Ausländer, empfanden, daß die Briten sowohl juristisch als auch moralisch im Recht waren. Da die beiden Parteien sich nicht einigen konnten, brachen die Japaner die Verhandlungen ab und blockierten die Niederlassung. Stacheldraht wurde um die englische Konzession gelegt, an den Ein- und Ausgängen jeder Passant durchsucht. Pässe, Ausweise mußte jeder zeigen, Ausländer, Chinesen, selbst Japaner. Schikanöse Leibesvisitationen waren an der Tagesordnung. Es wird gesagt, daß weibliche Polizisten im Dienst der Japaner sogar die Genitalien mancher Frauen untersuchten.

Dann brach in Europa der Krieg aus, und die britische Regierung schickte den Tokyoter Militärattaché nach Peking, um über die Aufhebung der Blockade sowie über die Freilassung des englischen Obersten Spears und zwei weiterer Offiziere, die in Zhangjiakou an der Großen Mauer inhaftiert waren, zu verhandeln. Das Ergebnis war: Die Blockade wurde aufgehoben, Spears und Freunde freigelassen, die vier chinesischen Terroristen jedoch an die Japaner ausgeliefert.

Schluß war es mit dem »Gentleman-like«-Benehmen und der Juristerei der Briten. Ein Kuhhandel wurde erfolgreich durchgeführt. Aber ist es nicht überall auf der Welt so?

Versteckt euch, Pockennarbige

Es war Herbst oder Winter 1940. Ein hoher japanischer Offizier der Gendarmerie ritt auf seinem Pferd durch die Straßen Pekings. In der Nähe der Luoguxiang-Straße erschienen plötzlich zwei Chinesen und schossen den Japaner nieder. Die beiden entkamen, aber brachten den Terror in die Stadt. Die Japaner verhängten den Belagerungszustand, abends durfte sich niemand mehr auf der Straße zeigen. Da es hieß, daß einer der Terroristen ein pockennarbiges Gesicht gehabt hätte, setzte nun eine wilde Jagd auf Pockennarbige ein; viele dieser Unglücklichen wanderten in die Kempetai, wo sie unter Tortur aussagen mußten, was sie am Tag des Attentats gemacht hatten. Hausdurchsuchungen wurden von der Kempetai und der chinesischen Polizei durchgeführt; man mußte Namen und Wohnort seiner narbigen Freunde angeben. Mit einem Wort: Es war eine »Kristallnacht« für Pockennarbige.

Erst da war ich meinen Eltern dankbar, daß sie mich als Baby hatten impfen lassen.

Einige Tage darauf erklärten die Japaner, die Täter seien Guomindang-Agenten gewesen und bereits festgenommen worden, und der Terror hörte auf.

Viele Jahre danach erzählte mir ein Bekannter den wahren Sachverhalt: Das Hauptquartier der Gendarmerie in Tokyo hatte einen hohen Offizier nach Peking geschickt, um über die Korruption der hiesigen Gendarmerie (Rauschgifthandel und so weiter) Nachforschungen anzustellen. Um ihn zum Schweigen zu bringen, ließen seinen eigenen Leute ihn niederknallen. Das klingt eigentlich ganz plausibel, denn die Japaner haben niemals die Namen der beiden Attentäter bekanntgegeben.

Der Erhardt-Prozeß

Nach den Deutschland auferlegten Kapitulationsklauseln mußten im Jahr 1945 Aktivitäten der Marine, des Heeres und anderer deutschen Behörden unverzüglich eingestellt werden. Aber das taten einige deutsche Amtsstellen im Ausland nicht. So arbeiteten beispielsweise die Botschaft und die Abwehrstelle in China unter dem Schutz der Japaner weiter.
Nach der deutschen Kapitulation wollte der japanische Geheimdienst die ausländischen Journalisten in China zwingen, für Japan zu arbeiten. In der früheren Dienststelle der Deutschen Botschaft Pekings, die jetzt den Namen »Deutsches Amt« trug, liefen Verhandlungen darüber. Mit sehr wenigen Ausnahmen wurde der japanische Vorschlag abgelehnt. Daraufhin machte der Leiter der Informationsstelle des hiesigen japanischen Hauptquartiers, ein Oberst, dessen Namen ich vergessen habe, einen anderen Vorschlag. Die Korrespondenten sollten eine sogenannte Vereinigung ausländischer Journalisten gründen. Das geschah denn auch; Mitglieder waren neben den Deutschen der italienische Korrespondent der »Stampa« und der Vichy-Korrespondent der Nachrichtenagentur »Havas«. Ich glaube, zweimal in der Woche versammelten sich die Herren im fünften oder sechsten Stock des Peking-Hotels und sprachen bei Tee oder Bier mit japanischen Offizieren über die internationale Lage.
Dasselbe taten die Japaner auch in Shanghai, und dort brachten sie es tatsächlich auch fertig, den Chef der Abwehr in China, Ludwig Erhardt, für sich zu gewinnen. Ludwig Erhardt – sein wahrer Name soll ganz anders lauten – hatte die Abwehrstellen in Shanghai, Kanton,

Peking, Hankou und in der Mandschurei unter sich. Seine Organisation war allen Beteiligten unter dem Decknamen »Erhardt-Büro« bekannt.
Als die Amerikaner 1945 in den Küstenstädten Chinas landeten, fingen sie an, ein Mitglied der Abwehr nach dem anderen zu verhaften. Man brachte sie nach Shanghai und stellte sie wegen ihrer Tätigkeit nach der Kapitulation vor ein amerikanisches Militärgericht. Das Gericht verurteilte die Angeklagten zu hohen Gefängnisstrafen: Erhardt zu lebenslänglich, die anderen zu zehn bis zwanzig Jahren. In Handschellen wurden sie nach Deutschland abtransportiert, wo sie ihre Strafe in Landsberg abbüßen sollten. Ein Freund von mir, der Journalist Dr. H. T., erschien in diesem Prozeß als Zeuge der Anklage und konnte so die eigene Haut retten. Der Leiter der japanischen Militärinformation Pekings trat als Entlastungszeuge auf. Er war ehrlich genug zu bezeugen, daß er die ausländischen Journalisten gezwungen hatte, die »Vereinigung« zu gründen und ihr beizutreten, und entlastete mit dieser Aussage viele. Alle, selbst die Amerikaner fanden, daß er ein »Gentleman« war; er hätte ja auch anders aussagen oder jede Aussage verweigern können.
Als ungerecht empfand ich damals, daß die Stenotypistin des Abwehr-Agenten in Peking, eine gewisse Frau M., zehn Jahre Gefängnis bekam. Ich glaube nicht, daß sie das verdient hat.

Die China-Deutschen

Ich möchte auf den folgenden Seiten kein Register der in Peking ansässigen Deutschen erstellen, sondern nur von denjenigen erzählen, die ich kannte, oder von deutschen Unternehmen berichten, die es damals gab.

Der alte Ka Laoye

Wenn man von den alteingesessenen Peking-Deutschen spricht, muß wohl an erster Stelle Herr K. erwähnt werden. Herr K., oder wie ihn die Chinesen nannten, Ka Laoye, war ein einfacher Soldat, der 1900 nach Peking gekommen war, um mitzuhelfen, die bösen Boxer niederzuwerfen. Nach dem Abzug der Verbündeten blieb er in Peking und machte im Laufe der Zeit die Bekanntschaft mit einigen Vertretern der oberen chinesischen Gesellschaftsschicht. Es wird von ihm gesagt, daß er sich während der Besetzung durch Plünderung bereichert hätte, aber das haben damals viele andere auch getan. Später kaufte er sich eine Ziegelei in Majiapu außerhalb der Stadt. Bis ungefähr 1940 kam er ab und zu in die Stadt und ließ sich in der Bar des Nord-Hotels sehen. Wann er gestorben ist, weiß ich leider nicht mehr.
Mein alter Diener erzählt von Ka Laoye, daß er viele scharfe Hunde habe, daß er sehr grob mit seinen Nachbarn umzugehen pflege, und anderes mehr.
Eine Episode ist mir noch in frischer Erinnerung. Es muß um 1919 gewesen sein, als die siegreichen Ententemächte, besonders die Briten, von der chinesischen Regierung verlangten, die Deutschen zu repatriieren. Ka Laoye versuchte durch seine Beziehungen, der Repa-

triierung zu entgehen. Der Prinz von Alashan in der Inneren Mongolei gestattete ihm, sich auf sein Gut zurückzuziehen, aber die Reise dorthin mußte er verkleidet unternehmen.
Er kam eines Abend in der Aufmachung eines mongolischen Lamas zu uns, um Abschied zu nehmen. Mein Vater legte ihm ans Herz, auf der Reise ja vorsichtig zu sein. So trat unser Herr K. seine Reise an, doch leider mißglückte dieser Fluchtversuch. In der Eisenbahn fiel er durch seine große Nase auf. Als die Polizei ihn daraufhin nach seinen Papieren, seinem Namen und Reiseziel fragte, war es mit seiner Geduld zu Ende. Nach der Art eines preußischen Feldwebels versetzte er dem Polizisten eine gehörige Backpfeife, die ein derber Fluch begleitete. Er wurde natürlich auf der Stelle nach Peking zurückgebracht und zwangsweise repatriiert.
Eine andere Anekdote war allen Stammgästen der Bar des Nord-Hotels bekannt. Damals plante die kaiserliche Regierung, eine Eisenbahnbrücke über den Gelben Fluß zu bauen. Da Herr K. viele hohe chinesische Beamte kannte und mit einigen Prinzen befreundet war, wurde er gefragt, ob er Beziehungen zu Deutschland hätte, um die Sache in die Wege zu leiten. Ka Laoye, der aus einer einfachen Familie stammte und überhaupt keine Bildung besaß, verfügte selbstverständlich über keine derartigen Kontakte. Er hatte auch keine Ahnung, wie man eine kommerzielle Korrespondenz führt. Den Mut verlor er deswegen jedoch nicht: Seines Wissens gab es in Essen eine Firma, die Krupp hieß. Er schrieb einen Brief, der, wie man mir an der Bar versicherte, wörtlich so lautete: »Lieber Herr Krupp! Meine Freunde hier, darunter der Prinz X, möchten eine Eisenbahnbrücke über den Gelben Fluß bauen. Sie haben mich gebeten,

Ihnen zu schreiben. Können Sie mir helfen?« Auf diesen Brief soll die Firma Krupp tatsächlich geantwortet haben. Sie schickte einen Ingenieur mit Offerten und verhandelte direkt mit der chinesischen Regierung. Herr K. soll nach dem Bau seine Prozente bekommen haben; mag sein, daß er darauf seine Ziegelei gegründet hat.

Der erste Deutsche an einer chinesischen Hochschule

Ohne Zweifel war das Gottfried von Borkewetz. Sein Vater war in der Kaiserzeit verantwortlicher Ingenieur für den Bau der Eisenbahnbrücke über den Gelben Fluß. Ich habe viel von ihm gehört, ihn jedoch in China nie kennengelernt. Vor kurzem habe ich ihn dann in seinem Landhaus in Bad Tölz aufgesucht. Ein rüstiger alter Mann von mehr als siebzig Jahren, der noch fließend Chinesisch sprach und es sogar noch schreiben konnte. Er erzählte mir, daß seine Familie in der Nordstadt Pekings gewohnt und er an der Technischen Hochschule studiert habe. Sein Vater habe viele chinesische Freunde gehabt und mit den Beamten des Polizeireviers, das sich neben seinem Haus befand, auf freundschaftlichem Fuß gestanden. 1919, als die Ententemächte verlangten, daß die Deutschen repatriiert würden, kam die Polizei zu seinem Vater und erklärte: »Wir haben Ihr Namensschild vor dem Tor abgenommen und das unsrige angebracht, damit die Engländer Sie nicht belästigen. Jetzt können Sie in aller Ruhe in Peking wohnen bleiben.«
Borkewetz zeigte mir seine Kunstgegenstände und seine große Sammlung chinesischer Lehmfiguren, darunter Hochzeitsumzüge mit Sänften und Trommelschlägern,

Begräbnisumzüge mit Sargträgern, Fahnenträgern und so weiter, wie man sie zu seiner Zeit eben hergestellt hat. Diese Figuren waren ungefähr sechs Zentimeter hoch und bunt angemalt. Er sagte zu mir: »Das alles habe ich mir von meinem Taschengeld zusammengekauft; es kostete damals nur ein paar Cash.« Gottfried fügte hinzu: »Ich weiß nicht, was man mit der Sammlung tun wird, wenn ich einmal nicht mehr bin.«

Die Geschenke der OHL

In den zwanziger und dreißiger Jahren gab es in der deutschen Kolonie Pekings eine absonderliche Figur, die sich »Dr. C.« nannte. Er soll der mißratene Sohn einer reichen Familie aus Hamburg oder Bremen gewesen sein. Angeblich hatte ihn sein Vater unter diesem Namen nach Afrika in eine deutsche Kolonie geschickt. Später kam er nach China und von dort um 1911/12 in die Mongolei. Er hat ein Buch über Afrika und eins über die Mongolei geschrieben. Seinen akademischen Titel hat er sich selbst verliehen, was ein Ereignis im Deutschen Club später bewies.

Von ihm wurde folgendes erzählt: 1914 oder 1915 versuchte die Oberste Heeresleitung, die Afghanen gegen die Briten in Indien aufzuwiegeln. Man sandte einen Agenten mit Geschenken an den König. Diese Geschenke bestanden aus Glasperlen, Vexierspiegeln und einem singenden Nachtstuhl. Inzwischen hatte das Auswärtige Amt aber festgestellt, daß der Herrscher in England, in Eton und ähnlich distinguierten Institutionen erzogen worden war und infolgedessen solche für

»Unzivilisierte« bestimmten Geschenke kaum angebracht wären. In aller Eile mußte die Mission rückgängig gemacht werden. Man fand keinen geeigneteren Mann als den »Asienkenner« Dr. C. Er wurde unverzüglich mit einem Bild von Wilhelm II., das mit echten Brillianten eingefaßt war, in Marsch gesetzt. In Istanbul angekommen, besuchte unser Doktor eines Abends die Freudenhäuser und verlor das Bild bei einer Dame. Mit recht viel Reichsgeldern konnte das Bild ausgelöst werden, und unser Doktor brachte es mit viel Glück noch fertig, die Mission unterwegs einzuholen und die Geschenke einschließlich des singenden Nachtstuhls zu vernichten.
Es war um 1936, als Dr. C. im Deutschen Club von Dr. Wolff aus dem Deutschen Hospital öffentlich geohrfeigt wurde. Als er den Arzt zum Duell forderte, weigerte sich der mit der Begründung, daß der andere keinen akademischen Grad besäße, was dieser einstecken mußte.

Die Eurasia-Fluggesellschaft

Die Eurasia-Fluggesellschaft war ein deutsch-chinesisches Unternehmen, das Anfang der dreißiger Jahre gegründet worden war. Soweit ich weiß, waren sowohl die Lufthansa als auch die Junkers-Werke daran beteiligt. Techniker, Piloten, Funker und Mechaniker waren Deutsche. Unter den verantwortlichen Angestellten stellten die Deutschen ebenfalls das Gros. Die Flugzeuge waren durchweg einmotorige und dreimotorige Junkers-Flugzeuge.
Ich weiß nicht mehr, welche Linien die Eurasia beflog, aber ich erinnere mich, daß der erste Flug Peking – Urumqi von der Eurasia unternommen wurde.

Nach Ausbruch des chinesisch-japanischen Krieges im Jahre 1937 zog sich die Eurasia nach Chongqing zurück und führte ihre Tätigkeit von dort aus weiter. Ihre Flugzeuge wurden verschiedentlich von japanischen Jagdflugzeugen beschossen, worauf der deutsche Botschafter, Dr. Trautmann, jedesmal bei den Japanern Protest einlegte. Als es zum Bruch der diplomatischen Beziehungen zwischen Guomindang-China und Deutschland kam, wurde die Eurasia verstaatlicht und in Central Aviation Corporation umbenannt. Sie bestand noch kurz vor der Befreiung.
Von den Piloten und Mechanikern habe ich ein paar gekannt, ihre Namen jedoch bis auf zwei, Herrn Brom und Herrn Springweiler, ganz vergessen. Ich kann leider nicht sagen, daß sie die Arbeitsvorschriften sehr streng einhielten; von Brom weiß ich, daß er oft angeheitert sein Flugzeug bestieg.
Ein anderer Pilot pflegte mit seiner Maschine unterwegs auf der mongolischen Steppe zu landen und Antilopen zu jagen. Um den Weg abzukürzen, überflog er oft auch Gebiete der Mongolischen Volksrepublik. Es kam, wie es kommen mußte: er wurde angeschossen und mußte notlanden. Lange Zeit saß er in der Mongolei im Gefängnis, bis er durch Vermittlung der Deutschen Botschaft nach Peking zurückkehren konnte, aber ein Bein mußte er in Ulan Bator zurücklassen: Es war amputiert worden, nachdem man auf ihn geschossen hatte.
Auch mit dem Management stimmte vieles nicht. Brom sagte mir eines Tages, daß er nicht mehr fliegen wolle, denn die Flugzeuge der Eurasia seien ganz alte, längst abgeschriebene Lufthansamaschinen. Was wollen Sie, Herr Brom? Business ist eben business. Wen interessiert es schon, wenn Sie mit ein paar Passagieren abstürzen!

Die deutsche Opernsängerin

Rosa war die Tochter eines Deutschen und einer Chinesin. Der Vater kam 1900 als gewöhnlicher Soldat nach Peking und blieb bis zu seinem Tod in der Stadt.
In der Zeit, von der ich spreche, war Rosa aus verschiedenen Gründen noch nicht im Besitz der deutschen Staatsangehörigkeit. Sie hatte die Deutsche Schule in Peking besucht und anschließend als Stenotypistin und Sekretärin gearbeitet. Da die Verwandtschaft ihrer Mutter über ein paar Ecken mit namhaften Opernsängern befreundet war, ließ sie sich überreden, eine Ausbildung als Sängerin und Schauspielerin der Peking-Oper zu machen. In den dreißiger Jahren trat sie oft in chinesischen Theatern auf und hatte auch ziemlich großen Erfolg. Die Tatsache, daß sie eine Halbdeutsche war, wurde natürlich als Reklamegag stark herausgestellt. Man ging oft ins Theater, nur um die Yong Zhujun (ihr chinesischer Name) zu hören.
Neulich hörte ich, daß sie jetzt in Deutschland sei und in Hannover ein chinesisches Restaurant eröffnet habe.

Deutsche Zeitschriften

Herr Wang Yintai studierte vor oder unmittelbar nach dem Ersten Weltkrieg in Deutschland. Er wohnte bei einer evangelischen Pastorenfamilie in Pension und verliebte sich in die Tochter des Hauses, die er dann auch heiratete. Später arbeitete er in der nordchinesischen Regierung und war eine Zeitlang sogar Außenminister. Herr Wang gehörte zu dem kleinen Kreis der Chinesen, die die deutsche Sprache wirklich beherrschten.

Deutsche, die ihn kannten, haben mir versichert, daß er Deutsch wie ein gebildeter Deutscher sprach.
Seine Schwiegereltern, Herr und Frau Pastor K., kamen später auch nach Peking und wohnten bei ihm.
Müßig kann man nicht bleiben. So faßte der Herr Pastor den Entschluß, eine Zeitung oder Zeitschrift herauszugeben. Zu dieser Zeit war ich noch ein kleiner Junge; ich weiß nicht mehr, ob die Zeitung täglich oder wöchentlich erschien; ihr Name ist mir auch entfallen. Aber frisch in meiner Erinnerung ist, wie sie aussah: schlecht und auf minderwertigem Papier gedruckt, zählte sie nur vier Seiten. Viele Deutsche hatten sie abonniert, weil man eben Deutscher war; man wollte dem Pastor helfen. Der Schwiegersohn sagte, wenn das Gespräch auf die Zeitung kam: »Ach, das Pekinger Käseblatt.«
Anders verhielt es sich mit der »Dschunke«. 1938 kam Erich Wilberg als Korrespondent einer deutschen Zeitung nach Peking. Ich glaube, er war nur vorübergehend bei dieser Zeitung angestellt, denn es ging mit ihm finanziell sehr schnell bergab. Ich habe Wilberg 1938 kennengelernt und war oft bei ihm zu Gast. Wir unterhielten uns stets angeregt über China, die japanische Aggression, die deutsche Chinapolitik, aber auch über Kunst und Literatur. Es war Wilberg, der als Korrespondent einer Nazi-Zeitung mir die Lektüre von Rauschings *Die Revolution des Nihilismus* empfahl! Er war ein ausgesprochener Gegner des Regimes in Deutschland und natürlich gegen die japanische Politik in China eingestellt. Wir freundeten uns schnell an. Im Winter 1939 – wenn ich mich nicht sehr irre – erschien die erste Nummer seiner Monatszeitschrift »Die Dschunke«. Beiträge kamen teils von den China-Deutschen, teils schrieb er sie selbst.
Wilberg wich politischen Themen aus. »Wir haben

genug Journalisten, die Politik betreiben. Meine Dschunke ist eine Friedensdschunke zwischen Deutschen und Chinesen. Für die Nazis will ich nicht schreiben, gegen sie schreiben kann ich nicht.« Er ließ seine Zeitschrift in der »Pappelinsel-Druckerei« des deutschen Dichters Vincenz Hundhausen drucken.

Mit der Inflation, der Verteuerung des Papiers ist »Die Dschunke« schließlich eingegangen, wohl gegen 1942 oder 1943. Wilberg bekam eine Stelle als Nanjing-Korrespondent des deutschen Nachrichtenbüros »Transozean«.

Armer Wilberg, er hatte kein beneidenswertes Los. Seine Freundin, ein Koreanerin, die »Oksha«, mit der er in Paomachang wohnte, starb an Lungenschwindsucht. 1948/49, als Peking von der Befreiungsarmee belagert wurde, wollte er das Grab seiner Oksha wiedersehen. Er ging mit einem amerikanischen Journalisten aus der Stadt, und unweit seines Hauses traf ihn eine Kugel.

Der Dichter in Peking

Anfang der zwanziger Jahre kam der deutsche Jurist Vincenz Hundhausen nach Peking, um eine Erbschaftssache zu regeln. Er verliebte sich auf den ersten Blick in die Stadt und machte sie zu seinem Wohnsitz.

Auf einer Insel außerhalb der Stadt kaufte er sich ein kleines Haus. Lange Zeit war er als Deutschlehrer an der Universität tätig.

Ich habe Hundhausen gut gekannt. Er war Dichter. Obwohl er kein Wort Chinesisch konnte, hat er verschiedene chinesische Romane, Theaterstücke ins Deutsche übersetzt, besser besagt übertragen, zum Beispiel *Die*

Laute, Das Westzimmer, Das tugendhafte Fräulein und anderes. Er ließ die Stücke von einem Chinesen übersetzen und dichtete sie dann um. Einmal soll er sogar mit einer Amateur – Truppe Deutschland bereist haben, um seine Stücke vorzuführen. Leider war das ganze Unternehmen ein finanzielles Fiasko.

Nach 1937 kam er auf die Idee, auf seiner Insel eine Druckerei zu errichten, die er »Pappelinsel-Druckerei« taufte. Dort sind Bücher wie das *Deutsch-Chinesische Wörterbuch* von Richard Wilhelm, Zeitschriften wie die »Dschunke« von Wilberg, sogar Landkarten wie die »Map of All-Mongolia« von H. Müller gedruckt worden.

Vincenz Hundhausen führte ein sehr einfaches Leben. Viel Geld besaß er nicht, aber eine sehr schöne Bibliothek. Ich war oft bei ihm, um seine seltenen Bücher durchzublättern. Niemals habe ich ihn in einem Auto oder einer Rikscha gesehen, überall fuhr er mit seinem uralten Fahrrad hin.

Hundhausen hatte einen seltsamen Humor, was die folgende Episode beweist: 1941 oder 1942 saß ich mit ein paar Deutschen in der Bar des Wagons-Lits-Hotels zusammen. Plötzlich erschien Hundhausen an unserem Tisch. Das Gespräch kam auf den Zwischenfall an der Marco-Polo-Brücke. Er erzählte uns, wie die Japaner über sein Gehöft hinweg auf die chinesischen Stellungen geschossen hätten. Da hätte er auf seinem Dach die chinesische Flagge gehißt. Nun konzentrierten die Japaner das Feuer auf sein Haus. Als wir ihn fragten, weshalb er so gehandelt hätte, antwortete er: »Hätte ich die dreckige Hakenkreuzflagge hissen sollen?«

Weil er ein ausgesprochener Anti-Nazi war, ließ die Deutsche Botschaft seine traditionellen Reden zum Goethe-Tag regelmäßig unterdrücken.

Hut ab vor dem General

Von General Hoffmann habe ich vieles gehört, gesehen habe ich ihn nur einmal auf einer Cocktail-Party. Seine Frau war eine Hohenzollern und irgendwie mit Wilhelm II. verwandt. Er kam als Militärberater in der Mission des General von Seeckt nach China. Als Hitler 1938 den Nachfolger Seeckts, General von Falkenhausen, zurückrief, blieb Hoffmann aus Protest in China.

Am Jahrestag des 20. Juli ließ Hoffmann Flugblätter drucken und verteilen. Ich habe eins davon gesehen. Auf einem mit Eichenlaub, Eisernem Kreuz und Fahnen geschmückten Blatt standen die Namen der verurteilten Attentäter, ihr Rang und so weiter mit den Worten: »Auf dem Feld der Ehre gefallen.«

Nach der Kapitulation der Japaner freundete er sich mit dem französischen Generalkonsul in Peking an. 1947 oder 1948 wurde er von diesem zum französischen Nationalfeiertag in das Konsulat eingeladen. Er kam an diesem Tag nicht nachmittags, sondern am Vormittag und erklärte, daß er als deutscher Offizier zur Feier nicht kommen könne, als Freund würde er ihm natürlich einen Besuch abstatten.

Hut ab vor solch einem Mann!

Der Deutsche Friedhof

An der Stelle, an der sich jetzt der Pekinger Bahnhof befindet, lag bis gegen 1957 der Deutsche Friedhof, der einzige Friedhof innerhalb der Stadt. Die Chinesen hatten ihre Friedhöfe außerhalb, manchmal recht weit entfernt.

Beim Bau des Bahnhofs mußte natürlich der Friedhof planiert werden. Die chinesische Regierung stellte ein Stück Land bei Jiuxianqiao, eine gute Stunde mit dem Fahrrad nordöstlich von Peking, zur Verfügung.
Ein Ingenieur deutscher Abstammung hat mir erzählt, daß sämtliche Unkosten für den Transport der Särge und so fort vom Roten Kreuz der Bundesrepublik getragen wurden, während die Botschaft der DDR nichts damit zu tun haben wollte. Ich finde das seltsam. Sind es denn nicht Deutsche, die dort ruhen? Kann man behaupten, daß es unter den Toten keinen einzigen sozialistisch gesinnten Menschen gab?

Das Deutsche Hospital

Im heutigen Gebäudekomplex des Peking-Hospitals befindet sich ein steinernes Gebäude, das ehemalige Deutsche Krankenhaus.
Wie die meisten Gesandtschaftswachen hatte auch die deutsche ihr eigenes Lazarett. Später wurde aus ihm ein Krankenhaus, aber noch in den Jahren 1926, 1927 und 1928 prangten auf dem Tor die großen Buchstaben: »Deutsches Lazarett«.
Die ersten Ärzte des Hospitals waren Dr. Dipper, der als Chirurg tätig war, und Dr. Paul Krieg, ein Internist. Später kamen eine Reihe von anderen hinzu. Die Krankenschwestern waren deutsche Schwestern einer evangelischen Mission. Ich habe ihre Namen, Oberschwester Anne, Schwester Julie, Schwester Gertrud, noch behalten.
Das Deutsche Hospital war *das* Krankenhaus Pekings. Zwar war es bedeutend kleiner als das PUMC (Peking

Union Medical College) der Amerikaner, aber es genoß einen sehr guten Ruf. Man wurde gewissenhaft und sachgemäß behandelt. Ich habe Ausländer sagen hören: »Ich gehe zu unserem Arzt« – er meinte den französischen, englischen oder amerikanischen Arzt –, »weil meine Krankheit nicht ernst ist.« Das verdeutlicht, was man vom Deutschen Hospital hielt.
Aber wenn ich es recht bedenke, muß ich doch sagen, daß die Kosten recht hoch waren: eine Konsultation drei bis fünf Yuan, eine Visite zehn, das Krankenzimmer ebenfalls zehn Yuan pro Tag. Nicht wenig angesichts der Tatsache, daß das Monatsgehalt eines chinesischen Mittelschullehrers damals etwa zwanzig bis vierzig Yuan betrug.

Betines & Co

Nördlich des Hatamen-Tors stand bis 1950 die deutsche Apotheke Betines & Co. Sie war eine Apotheke ersten Ranges, allerdings verlangte man dort wirklich Apothekerpreise. Sie war eine Aktiengesellschaft, und die Aktien brachten viel Geld. Kein Wunder, daß die »Betines shares« unter Ausländern sehr begehrt waren.

Die Schlaraffia und die Schlaraffen

Die Deutschen Tianjins hatten ihren Club in der früheren deutschen Konzession, die Concordia. Es war ein gewöhnlicher Club, aber im ersten Stock war der Sitz einer Freimaurerloge. Die Loge hieß Schlaraffia, die Logenbrüder Schlaraffen.

In der Zeit vor Hitler habe ich sie einmal besucht. In einem großen Saal standen ein langer Tisch und viele Sessel, an den Wänden hingen mittelalterliche Rüstungen aus Pappe. Es wurde mir gesagt, daß jeder Bruder eine Rüstung besaß, und wenn sie ihre Zusammenkunft hatten, zogen sie sich ihre Rüstungen über und tranken ihre Schoppen.
Als Hitler die Freimaurerlogen verbot, wurde wahrscheinlich auch die Schlaraffia aufgelöst.

Kiesling und Bader

Die Konditorei Kiesling (ein Österreicher) und Bader in Tianjin war nicht nur dort, sondern in ganz China ein Begriff. Es war ein eher kleines Café, wo man bei Stehgeiger-Musik, Kaffee und Kuchen stundenlang sitzen konnte. Alkohol wurde natürlich auch serviert, aber deswegen ging man nicht hin. Der Ruf des Cafés war so gut, daß sich schließlich auch viele chinesische Kuchenläden so nannten. Noch heute gibt es in Tianjin ein »Kiesling« (Qishilin), ebenso eines in dem Badeort Beidaihe.

Leben nach der Befreiung

WIEDER WAR ICH auf Arbeitssuche. Es waren schwere Zeiten, denn die Guomindang hatte unser Haus beschlagnahmt. Gott sei dank hat die Kommunistische Regierung uns das Haus wieder zurückgegeben, so konnten wir wenigstens mietfrei wohnen. Das Vermögen meiner Familie war weg, und das, was ich an flüssigem Geld hatte, habe ich auf meiner Reise verpulvert – das muß man schon so sagen.

Zuerst haben wir hier alle zusammengewohnt, dann ist mein Bruder mit seiner Frau ausgezogen. Er hat Französisch und Englisch unterrichtet, ab und zu kam er uns besuchen, wir hatten aber kaum Kontakt. Bis 1954 war ich stellungslos.

Wir bewohnten nur einen Teil unseres Hauses, drei Zimmer, das Hauptgebäude hatten wir einer Russin vermietet, einer Weißrussin, die schon lange in Peking lebte und bei einer Schweizer Firma angestellt war. Wir haben von der Miete gelebt, das war nicht üppig. Nach der Weißrussin kam ein Militärattaché der Indischen Botschaft, der bis 1954 in unserem Haus wohnte. 1954, genauer im September '54, hat mich die jetzige Regierung umerzogen, das bedeutete, ich mußte in eine Anstalt gehen, in der die früheren Beamten und andere Leute umerzogen wurden. Die Leute, die nicht schon vorher mit dem Kommunismus sympathisiert oder etwas für die Guomindang getan hatten, die mußten mit dem neuen Gedankengut vertraut gemacht werden.

Ich mußte die ganze Zeit über meine Vergangenheit schreiben. Das Schreiben hätte ich in ein paar Monaten fertig gehabt, aber die Umerziehung dauerte zwei Jahre.

Wir wurden natürlich mit den Theorien und der Praxis der Kommunistischen Partei vertraut gemacht. Außerdem mußten wir unsere politische Vergangenheit »klar« machen, bekennen, das ist das sogenannte »tanbai« – ich würde es mit »beichten« übersetzen. Ja, das ist so ähnlich wie Kritik und Selbstkritik, ja, weitgehend Selbstkritik.
Man hat uns in einem Hof in der Weststadt untergebracht, ich glaube, wir waren nicht mehr als zwei- bis dreihundert Leute, in Gruppen eingeteilt; in meiner Gruppe waren wir sechzehn. Wir schliefen in einem Zimmer und verbrachten den ganzen Tag mit studieren, lesen – und Selbstkritik. Körperliche Arbeit gehörte nicht dazu, es war ein bißchen wie im Internat. Wir wurden nicht schlecht ernährt, das heißt prächtige Diners wurden uns nicht geboten, aber das, was der gewöhnliche chinesische Bauer aß, das aßen wir auch. Das Zimmer war sauber, körperliche Mißhandlungen gab es nicht.
Ich wurde natürlich von meiner Familie isoliert, und da ich von dort nichts bekam, hat man mir Seife, Zahnbürste, Zahnpasta und Handtücher zugeteilt.
Was waren da für Leute beieinander ... durchweg Leute, die aus dem alten Regime kamen, die irgendwas mit den Amerikanern, der Guomindang, den Ausländern zu tun gehabt hatten. Manche waren ganz harmlose junge Studenten, manche wiederum hatten eine ganz schwarze Vergangenheit.
Ich glaube, ich war dort, weil ich ein Abgeordneter der sogenannten Nationalversammlung war, das war mein Hauptvergehen, aber auch wegen meiner fürstlichen Abstammung und weil ich sehr viele, zu viele Ausländer kannte ...
Im Februar 1957 wurde ich entlassen. Ich ging nach Hause, und wieder habe ich eine Stelle gesucht. Eine ehemalige Studentin von mir erzählte mir, daß an der Hochschule für Diplomatie ein Platz frei sei. Ich habe mich beworben und wurde als Deutschlehrer angenommen. Zuerst wollten sie wissen, wieviel ich

konnte, und was ich konnte. So hatte ich im Fremdspracheninstitut eine kleine Unterhaltung mit einer Deutschen, die mir »gut« attestierte. Die Schule gehörte zum Auswärtigen Amt, an ihr wurden zukünftige Diplomaten ausgebildet. Der heutige Erste und der Dritte Sekretär in Bonn sowie der Erste in Luxemburg sind meine Studenten.
Meine Klasse bestand aus mehr als zwanzig Studenten. Ich habe dort bis 1962 gearbeitet, dann wurde ich an das Fremdspracheninstitut versetzt, denn an der Diplomatie-Hochschule wurden zuerst die deutsche und die japanische, später noch die arabische Abteilung geschlossen. Ja – ich war sehr gerne Hochschullehrer. Es war auch ziemlich gut bezahlt, mein Gehalt entsprach dem eines Facharbeiters. Ich mußte ja noch meine Mutter ernähren. Sie war schon eine alte Dame, kränklich, nach 1960 war sie nur noch bettlägerig. Die alte Frau starb im Jahre 1973. Die alte Amme, meine Gaoma, war schon längst tot, aber wir hatten eine Mongolin, die war wirklich rührend, das muß man sagen, sie hat meine Mutter gepflegt, bis sie selbst starb.
Chronologisch kommt jetzt noch das kritische Zeitalter der Kulturrevolution ab 1966. Ich muß sagen, meine Studenten haben mich nicht mißhandelt, unter körperlichen Mißhandlungen hatte ich nicht zu leiden. Aber sie hatten es mit meiner Vergangenheit. Sie sagten, ich wäre rechts eingestellt, ich wäre ein Günstling des früheren Bürgermeisters Peng Zhen und ein bourgeoises Element. Einer ihrer Hauptanklagepunkte war, daß ich unter den Studenten bourgeoise Ideologie verbreitet hätte. Etwa der Hälfte meiner Kollegen ging es ähnlich.
Im Juni 1966 hörte der Lehrbetrieb auf. Die Studenten betrieben nur noch Politik. Gleich zu Beginn hat man mich zu Hause aufgesucht, sie haben alles durchstöbert, verschiedene Sachen, Bilder und Bücher verbrannt oder mitgenommen.
1970 wurden alle Lehrer des Fremdspracheninstitutes nach Hubei aufs Land geschickt, in ein kleines Dorf. Wir wohnten in

der Kaderschule und mußten auf dem Feld arbeiten. Man zahlte mir mein Gehalt, aber ich mußte mich auch umerziehen. Dazu gehörte die Arbeit als Latrinenputzer. Ich habe immer scherzhaft gesagt, nun habe ich doch etwas gelernt, nämlich Latrinenputzen.
Plötzlich, 1973, behielt man von meinem Gehalt die Hälfte ein. Ich wurde als Konterrevolutionär gebrandmarkt, weil ich Frau Jiang Qing kritisiert hätte.
1976 wurde ich rehabilitiert; mit meinem vollen Gehalt habe ich bis 1982 an dem Deutsch-Chinesischen Wörterbuchprojekt gearbeitet.
Mein Bruder hat die Zeit der Kulturrevolution im Gefängnis verbracht, das war seine Rettung. Er ist ein bißchen später als ich rehabilitiert worden und arbeitete bis zu seinem Tod als Übersetzer vom Französischen ins Chinesische. In meinem Fall hat man einfach gesagt, von jetzt an bekommst du wieder dein volles Monatsgehalt – fertig. Bei anderen hat man kleine Versammlungen abgehalten und den Leuten gesagt, daß der, der und der rehabilitiert worden ist.
Jetzt bin ich Rentner und bleibe bei den alten Gewohnheiten. Es ist schwer zu sagen, ob es gut ist oder schlecht – zu rauchen und zu trinken. Ich verbringe den Tag mit Lesen, ernste Arbeit mache ich nicht mehr. Die Ärzte sagen, daß ich unter Gehirnaderverkalkung leide, das merke ich auch, ich bin vergeßlich geworden, furchtbar vergeßlich.
Ich glaube aber, in einem ganz anderen Haus wäre ich viel glücklicher. Ich gehe in der Stadt und in den Parks nicht mehr spazieren, das ist ja alles bekannt, und es macht mir keine Freude mehr. Und mit dem schöneren Geschlecht ist das inzwischen auch eine schwierige Sache, ich bin viel zu alt geworden.

Das neue Peking

Wiederaufbau und Industrialisierung

Peking hat unter dem Bürgerkrieg sehr gelitten. Schon nach der Revolution von 1911 kamen die verschiedenen Militaristen, die konnten sich nicht um die Stadt kümmern, das wichtigste für die waren nur die eigenen Machtinteressen. Als die Japaner Peking besetzten, haben sie ein wenig versucht, die Stadt zu verschönern, zum Beispiel die zwei Tore, die Sie noch heute sehen können, das Jianguomen und noch eines im Westen, die sind während der Japanerzeit gebaut worden. Nach dem sogenannten Sieg der Guomindang verfiel die Stadt, überall nur marode Häuser, die Straßen ungepflegt, die Bäume an den Straßen verschwanden.

Erst nach 1949 fing man ernstlich an, die Stadt umzubauen. Wie ich schon gesagt habe, war Peking ein reines Kulturzentrum, wir hatten wohl ein oder zwei Fabriken – eine Streichholzfabrik und eine Druckerei im Süden der Stadt –, aber richtige Fabriken gab es nicht. Die Kommunisten wollten die Stadt vergrößern und zugleich industrialisieren – sie taten beides. Sie haben erst mal aufgeräumt und die Straßen geteert. Zum Beispiel die Straße, in der ich wohne, die war in der alten Zeit nicht gepflastert, das haben die Kommunisten gemacht, und seitdem braucht man bei Regen und schlechtem Wetter nicht mehr durch den Schlamm zu waten.

Dann kam 1958 der »große Sprung nach vorn«. Da hat

man diverse kleine Fabriken zum Stahlschmelzen in den Hinterhöfen gebaut, das war eine große Bewegung. Von 1950 an wurde ununterbrochen gebaut, die Häuser aus der Zeit können Sie noch sehen, und es wird immer weiter gebaut. Die Stadtmauer wurde Ende der fünfziger Jahre abgerissen. Die sogenannte Erste Ringstraße verläuft auf den Konturen der alten Stadtmauer. Beim Abreißen entstanden offene Plätze; diese Gelegenheit nutzte man gleich, um die Fundamente für die jetzige U-Bahn zu legen.
Der Abriß der Stadtmauer wurde von vielen als Fortschritt begrüßt. Von einigen aber, besonders von Ausländern, wurde beklagt, daß Peking jetzt eine ganz gewöhnliche Stadt geworden sei.

Im alten Gesandtschaftsviertel

Das Gesandtschaftsviertel hat sich nach 1949 nicht sehr verändert. Ich bin einmal mit einer Bekannten Ende der sechziger Jahre dort durchgegangen, da war es quasi noch intakt. Die Neubauten, die wir neulich gesehen haben, stammten alle aus der jüngsten Zeit. Kurz nach der Befreiung hat man den Gesandtschaften außerhalb der Stadt im Nordosten ein neues Gebäude bereitgestellt und dort neue Häuser gebaut, die sollen viel komfortabler sein als die alten. Eine nach der anderen Gesandtschaft zog dann dort hinaus. Ich glaube – das ist meine private Meinung –, man wollte diese nicht gerade angenehme Erinnerung an die »Boxerzeit« ausradieren.
Und die eleganten Hotels?
Das Wagons-Lits bestand als Hotel bis 1949. Als die Kommunisten die Stadt einnahmen, haben sie es in ein

Gästehaus verwandelt und später als Dormitory für das Auswärtige Amt genutzt, damit war ein öffentlicher Zugang nicht mehr möglich. Das Peking-Hotel ist immer das Peking-Hotel geblieben. Das hat ein Franzose, wie ich es ja beschrieben habe, Monsieur Mai, gebaut. Die Japaner haben es ihm später abgekauft, als Feindbesitz fiel es dann in die Hände der Guomindang. Die Kommunisten haben das Hotel weitergeführt, sogar angebaut, das alte Peking-Hotel ist nur der Komplex, der in der Mitte steht. Es war seit jeher ein internationaler Treffpunkt. Auch früher verkehrten dort Chinesen, das war nie verboten, aber welcher Chinese konnte sich schon eine Übernachtung für zehn Yuan leisten?

Kneipen und Prostitution verschwinden

Die Kneipen, in denen nur Alkohol verkauft wurde, das waren meist sehr primitive Lokalitäten, sehr primitiv, man saß nicht gerade komfortabel, aber die Stammgäste fühlten sich zu Hause. Nach der Befreiung ist deren Zahl allmählich zurückgegangen. Bis zur Kulturrevolution, bis Mitte der sechziger Jahre, bestanden noch ein paar, aber das Geschäft ging nicht mehr. Dann haben sie angefangen, Toilettenpapier, Seife und so weiter in die Schaufenster zu stellen ... die Kneipen sind noch da, aber es sind Krämerläden geworden.

Es hat ja in Peking Prostitution gegeben. Direkt nach der Befreiung, die genaue Zeit weiß ich nicht mehr, haben es die Kommunisten noch erlaubt, daß die Frauen ihr Gewerbe betrieben. Es muß Ende 1949, Anfang 1950 gewesen sein, daß sie alle Freudenhäuser zugemacht haben, alle, von oben bis unten – und die Mädchen haben Arbeit in den Fabriken bekommen. Manche der Bordellbesitzer wurden schwer bestraft und, so hörte man, sogar erschossen.

Hygiene und neue Sauberkeit

Früher, das heißt in der Kaiserzeit und auch noch später, wußte der gewöhnliche Chinese beinahe nichts von Hygiene – Spucken, wo man geht und steht, Müll auf die Straße werfen, das war alles üblich. Die Regierung führte eine Kampagne nach der anderen durch, um den Einwohnern von Peking beizubringen, daß so ein Leben nicht mehr statthaft sei. Jetzt wissen schon die kleinsten Schulkinder etwas über Typhus und Paratyphus. Allein das Wort war in meiner Jugend einem durchschnittlichen Chinesen völlig unbekannt. Sie werden es nicht glauben, eines Tages, in der alten Zeit, ging ich auf den Markt, um eine Wassermelone zu kaufen. Da lag so ein schwarzer Klumpen, ich dachte, es sei Kohle, und fragte den Verkäufer, ob er denn auch Melonen hätte. Er nahm seinen Fächer, und sofort flogen die Fliegen weg – die Melone kam zum Vorschein. Tja, und das Spucken scheint auch nicht ausgerottet zu sein. Die Chinesen haben immer gespuckt – von altersher – raus damit ... Ich erinnere mich noch an eine Kampagne gegen die Vögel, das war 1953, glaube ich, da mußten Vögel, Spatzen, Mäuse, Mücken und Fliegen ausgerottet werden. Jeder auf der Straße mußte Mäuse fangen, Spatzen töten. Das ging aber nicht lange so, denn am Ende hat ein Professor gesagt, daß die Spatzen doch nützliche Tiere seien. Die Fliegen haben sich durch die zunehmenden Hygienemaßnahmen tatsächlich vermindert.

Nördlich vom Himmelstempel, da war der Longxu-Graben, um den haben nur arme Leute gehaust. Es wurde gesagt, daß das Wasser so schmutzig und schlammig war, daß manchmal Kinder darin ertranken. Den hat die Regierung saniert, und jetzt, wenn Sie hingehen wollen, kann ich Ihnen dort einen schönen Park zeigen.

Wenn ich an das Peking meiner jungen Jahre denke . . . es hat sich alles vollkommen verändert, Peking ist eine richtige Großstadt geworden.